全国中学生物理竞赛
实验指导书

全国中学生物理竞赛常委会 组织编写

主　编　吕斯骅

编　写　段家𢛛　陈凯旋　张洁天　王　胜

图书在版编目(CIP)数据

全国中学生物理竞赛实验指导书/全国中学生物理竞赛常委会组织编写. —北京：北京大学出版社,2006.1
ISBN 978-7-301-10193-3

Ⅰ.全… Ⅱ.全… Ⅲ.物理课—中学—教学参考资料 Ⅳ.G634.73

中国版本图书馆 CIP 数据核字（2005）第 137747 号

书　　　名：全国中学生物理竞赛实验指导书
著作责任者：全国中学生物理竞赛常委会 组织编写
责 任 编 辑：孙　琰　顾卫宇
标 准 书 号：ISBN 978-7-301-10193-3/O·0677
出 版 发 行：北京大学出版社
地　　　址：北京市海淀区成府路 205 号　100871
网　　　址：http://www.pup.cn
电 子 信 箱：zpup@pup.pku.edu.cn
电　　　话：邮购部 62752015　发行部 62750672　编辑部 62752038　出版部 62754962
印 刷 者：河北滦县鑫华书刊印刷厂
　　　　　787 毫米×1092 毫米　16 开本　9.5 印张　234 千字
　　　　　2006 年 1 月第 1 版　2025 年 8 月第 31 次印刷
定　　价：25.00 元

未经许可，不得以任何方式复制或抄袭本书之部分或全部内容。
版权所有，侵权必究
举报电话：(010)62752024　电子信箱：fd@pup.pku.edu.cn

序

中国物理学会制定的《全国中学生物理竞赛章程》（以下简称《章程》）中规定：竞赛包括预赛、复赛和决赛。在复赛和决赛中除了笔试之外，还有实验考试。决赛实验由中国物理学会全国中学生物理竞赛委员会常务委员会（以下简称"常委会"）下设的命题组统一命题，复赛实验由各省、自治区、直辖市竞赛委员会命题。20多年来，通过物理竞赛，在全国范围内有效地促进了参赛学生，特别是能参加复赛的学生实验水平的提高和实验能力的增强。

在2003年举行的第22次全国中学生物理竞赛委员会（以下简称"竞委会"）全体会议上，很多委员提出了一些关于规范复赛实验试题范围的建议。多年来，竞赛的理论考试范围以具体的《全国中学生物理竞赛内容提要》（以下简称《内容提要》）为依据，《内容提要》的作用相当于"考试大纲"。但实验考试缺少这样具体的规范；再加上由各地区单独命题，任意性很大，造成有些复赛实验题目质量不高，意义不大。同时，由于中学教材中实验内容相当少，而竞赛中对实验要求较高（这也是竞赛的目的之一，即促进参赛学生的实验水平在其原有基础上有较大的提高），因此参赛学生需要参与课外的物理实验培训活动。长期以来，很多省都将这种培训活动设在省会所在地的一、两所高校中，其他高校以及一些市级高校虽也具备条件，但因为没有明确的复赛实验考查要求而无法参与。实验培训对于参赛学生实验能力的提高和实验成绩以及总成绩的影响极大。少数有条件的学生能集中到省会某高校培训，而大多数学生没有这个条件，这样会造成某种程度上的不合理、不公平。另外，由于复赛实验试题范围的透明度太低，也造成某些盲目猜题、押题的现象。因而，学生花了不少时间，其实验素养却不一定得到应有的提高。鉴于以上情况，经过讨论，在第22次竞委会全体会议上我们达成了这样的共识，即应增加复赛实验试题命题范围的透明度，使其规范化。

会后，常委会向北京大学吴思诚、吕斯骅教授，清华大学丁慎训、朱鹤年教授，北京师范大学曾贻伟教授和中学资深物理教师刘彬生等咨询，他们就指导思想和实验内容提出了很多宝贵的建议。在2004年举行的第23次竞委会全体会议上，我们又对实验内容作了进一步的讨论。

2004年11月，中国科学技术协会公布了《全国五项学科竞赛条例》（以下简称《条例》），其中要求各学科进一步完善全国统一命题。中国物理学会常务理事会据《条例》于2004年11月对《章程》作了修订。为了贯彻统一命题的精神，维护实验考试的公平性，保证复赛实验试题的质量，也为了使更多的参赛学生获得更多实验培训的机会，提高实验水平，常务理事会决定，由常委会组织编写《全国中学生物理竞赛实验指导书》（以下简称"本书"）；并在修订后的《章程》中明确规定：复赛实验题目从本书中选定；决赛实验命题以《内容提要》和本书为基础。这一改革，会使复赛实验的区分度有所降低，但消除了不合理不公平条件带来的影响；作此改进以后，有利于更多的参赛学生实验水平和实验修养的提高，有利于竞赛的公平性，也有利于决赛实验水平的进一步提高。

2004年底，常委会请北京大学物理学院予以协助，物理学院的领导对此非常重视，认为这是在全国范围内提高对物理有兴趣的中学生的实验水平的有力措施，于是决定在人力、物力、财力上给予全方位的支持,并委托北京大学物理学院基础物理实验教学中心有很深造诣的教授主编。几位具有丰富教学、培训经验的教授经过近一年的努力,完成了本书的编写工作。值此本书出版之际,常委会向北京大学物理学院领导,主持及参与本书编写的教授和曾在本书编写过程中提出宝贵建议的教授、专家以及北京大学出版社表示衷心的感谢。

我们希望并相信,按照本书"序"和"前言"中所阐述的指导思想,本书定会在全国中学生物理竞赛中发挥应有的作用,更有效地、更广泛地提高对物理有兴趣的中学生的物理实验水平。关于具体阐述复赛实验试题与本书关系的一些细则规定,常委会将另有文件公布,并将在全国中学生物理竞赛办公室编写的《全国中学生物理竞赛专辑》中刊登。

中国物理学会全国中学生物理竞赛委员会常务委员会
2005 年 11 月

前　言

受中国物理学会全国中学生物理竞赛委员会常务委员会的委托，为规范物理实验竞赛的范围和内容，我们编写了这本《全国中学生物理竞赛实验指导书》。

本书是为参加省、市和全国物理竞赛的学生编写的，但竞赛的宗旨是为了提高学生在物理实验方面的素质和修养，提高发现、分析和解决实际物理问题的能力，而不是单纯为了争名次。因而本书是从如何培养学生既有踏实的物理实验基础，又有创新能力的角度来选题的。

为使教学与实际应用做到有机的结合、学用一致，我们选题时尽量做到：有重要的物理内容；有实际的应用价值；采用教学、生产、科研中通用的仪器设备。

物理学是一门实验科学，物理实验在物理学发展中的重要性是不言而喻的，只有被实验证明的物理理论才是正确的理论。但由于各种原因，目前在中学教育中对物理实验教学不够重视，学生的动手能力普遍较差，在竞赛中反映为理论成绩好于实验成绩，我们希望学生经过物理实验的训练能在一定程度上缓解这个矛盾。

学生在学习物理实验时，首先应该学习严谨的、实事求是的科学态度，认真地对待实验中的每一个细节，记下每一个数据；其次是在实验中学会发现问题，并用学到的理论去解决或解释这些问题；第三是学习物理实验的基本知识、基本方法和基本技能。

作实验时，不仅要动手更需要动脑，既要掌握实验的原理，又要学会用掌握的知识去分析实验现象，解决实验中出现的问题。在理论课中我们作了很多简化假设使现象简单、公式简明，而实际情况要复杂得多，现象也丰富得多，如何在复杂的现象中去伪存真，去保证满足实验条件，得到好的实验结果是作实验时必须思考的问题。为了使学生在作实验时不仅要知其然而且要知其所以然，我们对实验原理作了详细的阐述，希望学生认真阅读这部分内容，并能用到实验中。

作实验时，先要定性地观察物理现象和变化的规律，确认无误后再仔细地定量测量，不要只顾测量数据而不知测量这些数据的目的。我们的实验内容也是按此规律安排的。我们还提供了一些思考题供学生参考。带"＊"的实验内容供有兴趣的学生选用。

本书还有一个特点，就是对于有些实验（特别是设计实验）我们没有写出实验的具体步骤以及详细的注意事项。我们认为，对较优秀的学生来说，这应当是要求他们自己来设计的事情，即在理解实验原理、仪器用具、实验目的和要求的基础上，理论联系实际地进行独立思考，自行设计实验步骤。这对充分发挥学生的主观能动作用，培养学生良好的科学素养、独立思考能力和创造性思维能力特别重要。根据这一目的，在用本书对学生进行实验培训时，对于这些实验，我们不赞成老师给学生补充实验步骤，将培养锻炼学生的环节变成学生被动接受知识的过程，丧失应有的教学效果；也不赞成有人去补写、出版这些实验的实验步骤以及思考题的解答，或者编写、出版关于实验步骤的各种辅导材料。我们希望使用本书的老师、学生充分认识此书这一特点的重要性，坚持正确的学习方向和方法。

我们选用的实验装置多数为通用仪器，市场上可供选择的型号和厂商很多，我们不要求统一。个别实验因叙述上的需要在举例时列出了部分仪器的型号，但不意味一定要用这种型号的仪器,只要能满足实验要求,培训单位可尽量利用已有的设备。基于以上原因,书中在描述仪器时,大量用的是示意图,而不是实际装置图。我们提倡让学生直接看仪器说明书,这也是培养学生实验素质的一个内容。

参加本书编写的有段家怟教授(实验八至十)、陈凯旋教授(实验二十八至三十四)、张洁天教授(实验十一至二十七)、王胜教授(实验一至七),由吕斯骅教授统稿、审定。他们长期从事物理实验教学,并有对我国参加国际物理奥林匹克竞赛的学生进行培训的经验,但由于参加物理竞赛实验指导书的编写工作还是第一次,难免有不妥之处,请不吝指正。

编　者
2005 年秋

目 录

实验一　实验误差 …………………………………………………………………………… (1)
实验二　在气轨上研究瞬时速度 …………………………………………………………… (10)
实验三　测定金属的杨氏模量 ……………………………………………………………… (13)
　　（一）用金属丝的伸长测定杨氏模量（光杠杆法） …………………………………… (13)
　　（二）用CCD成像系统测定杨氏模量 ………………………………………………… (17)
实验四　研究单摆的运动特性 ……………………………………………………………… (21)
实验五　气轨上研究碰撞过程中动量和能量变化 ………………………………………… (24)
实验六　测量空气中的声速 ………………………………………………………………… (28)
实验七　弦线上的驻波实验 ………………………………………………………………… (31)
实验八　测定冰的熔化热 …………………………………………………………………… (35)
实验九　测定固体的线膨胀系数 …………………………………………………………… (40)
实验十　测定液体的比热容 ………………………………………………………………… (43)
实验十一　学习使用数字万用电表 ………………………………………………………… (46)
实验十二　制流和分压电路 ………………………………………………………………… (54)
实验十三　测定直流电源的参数并研究其输出特性 ……………………………………… (59)
实验十四　磁电式直流电表的改装 ………………………………………………………… (62)
实验十五　用量程为200 mV的直流数字电压表组装多量程的直流电压表和直流电流表
　　　　………………………………………………………………………………………… (69)
实验十六　测量非线性元件的伏安特性 …………………………………………………… (72)
实验十七　直流平衡电桥 …………………………………………………………………… (77)
实验十八　学习使用示波器 ………………………………………………………………… (80)
实验十九　观测电容特性 …………………………………………………………………… (86)
实验二十　黑盒子 …………………………………………………………………………… (89)
实验二十一　测量温度传感器的温度特性 ………………………………………………… (91)
实验二十二　测量热敏电阻的温度特性 …………………………………………………… (95)
实验二十三　用霍尔效应测量磁场 ………………………………………………………… (98)
实验二十四　测量光敏电阻的光电特性 …………………………………………………… (101)
实验二十五　研究光伏探测器的光电特性 ………………………………………………… (104)
实验二十六　发光二极管的光电特性 ……………………………………………………… (107)

实验二十七　研究亥姆霍兹线圈轴线磁场分布……………………………………（109）
实验二十八　测定玻璃的折射率……………………………………………………（112）
实验二十九　测量薄透镜的焦距……………………………………………………（117）
实验三十　　望远镜和显微镜………………………………………………………（123）
实验三十一　光的干涉现象…………………………………………………………（127）
实验三十二　研究光的夫琅禾费衍射现象…………………………………………（131）
实验三十三　调节分光计并用掠入射法测定折射率………………………………（134）
实验三十四　观测氢原子光谱………………………………………………………（139）

实验一 实验误差

【实验原理】

一、物理实验和测量误差

1. 测量误差的普遍存在

物理学是一门实验科学,对它的研究离不开对各种物理量进行测量.作物理实验主要也是要进行各种测量.测量分为两种:由仪器直接读出测量结果的叫做直接测量;由直接测量结果经过公式计算才能得出结果的叫做间接测量.每一个待测物理量在一定实验条件下具有确定的大小,称为该物理量的真值.当我们进行测量时,由于理论的近似性、实验仪器分辨率或灵敏度的局限性、环境条件的不稳定性等因素的影响,测量结果总不可能绝对准确.待测物理量的真值同我们的测量值之间总会存在某种差异,这种差异就称为测量误差,定义为

$$测量误差 = 测量值 - 真值.$$

由测量所得的一切数据都毫无例外地含有一定数量的测量误差.没有误差的测量结果是不存在的.测量误差存在于一切测量之中,并贯穿于测量过程的始终.随着科学技术水平的不断提高,测量误差可以被控制得越来越小,但是却永远不会降低到零.

2. 测量误差理论和物理实验的关系

既然测量误差的存在是一切测量中的普遍现象,那么,研究测量误差的性质和产生的原因,研究如何有效地减小测量误差对实验结果的影响,研究如何科学地表达含有测量误差的实验结果,以及对实验结果如何评价等等,这一系列问题就显得十分重要.当然,要想深入地讨论测量误差理论,需要有丰富的实验经验和较充分的数学知识;这里只能对基本的方面作些简单介绍,作为一个入门的学习.

二、偶然误差和系统误差

按照习惯的分类方法,根据误差的性质,可以把测量误差分为偶然误差和系统误差两种.

1. 系统误差

在相同的条件下,多次测量同一物理量时,测量值对真值的偏离(包括大小和方向)总是相同的,这类误差称为系统误差.系统误差的来源大致有:

(1) 理论公式的近似性.例如,单摆周期公式 $T = 2\pi\sqrt{l/g}$ 的成立条件是摆角趋于零,而在利用该公式求重力加速度 g 时,这个条件是不可能实现的.

(2) 仪器结构不完善.例如,温度计的刻度不准,天平的两臂不等长等.

(3) 环境条件的改变.例如,在 20 ℃条件下校准的仪器拿到 -20 ℃条件下去使用.

(4) 测量者生理、心理因素的影响.例如,记录某一信号时有滞后或超前的倾向,对准标志线进行读数时总是偏左或偏右、偏上或偏下等.

系统误差的特点是恒定性,不能用增加测量次数的方法使它减小.在实验中发现和消除系统误差是很重要的,但它需要积累丰富的实验经验.对于初学者,我们先学习偶然误差.

2. 偶然误差

在相同的条件下,由于偶然的不确定的因素造成每一次测量值的无规则的涨落,测量值对真值的偏离时大时小、时正时负,这类误差称为偶然误差.

造成偶然误差的因素是多方面的:仪器性能和测量者感官分辨力的统计涨落,环境条件(如温度、湿度、气压、气流、微震…)的微小波动,测量对象本身的不确定性(如气压、放射性物质单位时间内衰变的粒子数、小球直径或金属丝直径…)等.

偶然误差的特点是它的随机性.如果在相同的宏观条件下对某一物理量进行多次测量,当测量次数足够多时,便可以发现这些测量值呈现出一定的规律性.

实践表明,大多数偶然误差(其中也包括我们以后经常要遇到的多次测量的算术平均值的偶然误差)服从或近似服从正态分布,其图形如图 1-1 所示,其中 x 为测量误差,$\rho(x)$ 为误差分布函数.

服从正态分布的偶然误差具有以下特点:

(1) 单峰性.绝对值较小的偶然误差出现的概率比绝对值较大的偶然误差出现的概率大.

(2) 对称性.绝对值相等的正误差与负误差出现的概率相等.

(3) 有界性.在一定测量条件下,误差的绝对值不会超过一定界限.

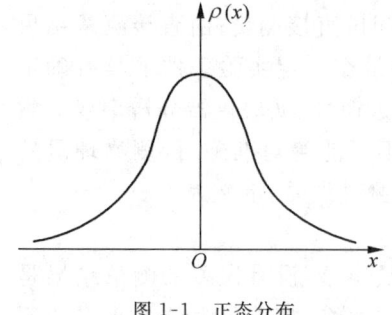

图 1-1 正态分布

(4) 抵偿性.各误差的算术平均值随测量次数增多而趋于零,即:当测量次数 $n\to\infty$ 时, $\frac{1}{n}\sum_{i=1}^{n}(N_i-N')\to 0$,其中 N' 代表真值,N_i 是第 i 次测量值.抵偿性是这类偶然误差最重要的特性.当 $n\to\infty$ 时,任何一个偶然误差都可以与另一个绝对值相等、符号相反的偶然误差相抵消,所有测量值的算术平均值就等于真值,这时测量结果的偶然误差为零.由此我们看到:第一,用多次测量的算术平均值作为测量的最佳值是科学的;第二,增加测量的次数,可以减小偶然误差.

除了近似服从正态分布的偶然误差外,还有服从其他分布的偶然误差,其中和我们关系密切的一种分布是均匀分布.当在实验中进行一次测量时,在一般情况下,由于信息的缺乏,根据等概率假设,可以认为偶然误差服从均匀分布.均匀分布的特点是在误差可能存在的范围内,即 $[-e,e]$ 之间,误差在各点出现的概率相同,其图形如图 1-2 所示,其中 x 为测量误差,$\rho(x)$ 为误差分布函数.

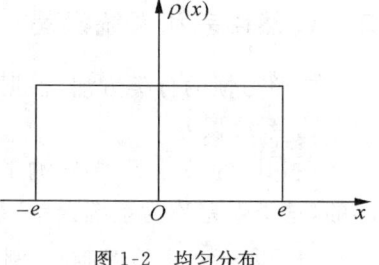

图 1-2 均匀分布

偶然误差与系统误差的区别不是绝对的,有时在一定条件下,它们可以互相转化.

三、测量结果的不确定度

1. 什么是不确定度

测量结果中不可避免地含有误差,如何表达这种含有误差的实验结果是很重要的.下面将讨论包含偶然误差的实验结果的科学表达方法.

我们把测量结果写成如下形式:

$$Y = N \pm \Delta N, \tag{1.1}$$

其中 Y 代表待测物理量,N 为该物理量的测量值,它既可以是单次的直接测量值,也可以是在相同实验条件下多次直接测量的算术平均值,还可以是经过公式计算得到的间接测量值. ΔN 是一个恒正的量,称为不确定度,代表测量值 N 不确定的程度,也是对测量误差的可能取值的测度,或者说,是对待测真值可能存在的范围的估计.

不确定度和误差是两个不同的概念[①]:误差是指测量值与真值之差,一般情况下,由于真值未知,所以它是未知的. 不确定度的大小可以按一定的方法计算(或估计)出来.

2. 测量结果的含义

式(1.1)的含义是,测量结果是一个范围,即

$$[N - \Delta N, N + \Delta N].$$

它表示待测物理量的真值有一定的概率落在上述范围内,或者说,上述范围以一定的概率包含真值. 这里所说的"一定的概率"称为置信概率,而区间 $[N-\Delta N, N+\Delta N]$ 则称为置信区间. 在一定的测量条件下,置信概率与置信区间之间存在单一的对应关系:置信区间越大,置信概率越高;置信区间越小,置信概率越低. 如果置信概率为 100%,其对应的 ΔN 就称为极限不确定度,用 e 表示,这时式(1.1)写做

$$Y = N \pm e,$$

表示真值一定在 $[N-e, N+e]$ 中.

ΔN 也常常用标准差来表示,记做 σ,这时式(1.1)写做

$$Y = N \pm \sigma.$$

σ 的大小标志着测量列的离散程度,是一个很重要的参量. 当 ΔN 用 σ 表示时,置信概率就比 100% 小.

要完整地表达一个物理量,应该有数值、单位和不确定度 ΔN 三个要素.

为了比较测量结果精确度的高低,常常使用相对不确定度这一概念,其定义为

$$相对不确定度 = \frac{不确定度}{测量值},$$

即 $\Delta N / N$.

3. 不确定度的估计方法[②]

(1) 对直接测量结果不确定度的估计

① 在相同条件下多次测量的情况.

根据前面讲过的偶然误差理论,我们用算术平均值 $\overline{N}$ 代表多次测量的最佳值:

$$\overline{N} = \frac{1}{n} \sum_{i=1}^{n} N_i, \tag{1.2}$$

其中 $n(n \to \infty)$ 为测量次数,N_i 为第 i 次测量值. 测量列的标准不确定度 σ_N 可以由以下公式给出:

$$\sigma_N = \sqrt{\frac{\sum_{i=1}^{n}(N_i - \overline{N})^2}{n-1}}. \tag{1.3}$$

[①] 由于历史和习惯上的原因,许多书把"不确定度"和"误差"这两个不同的概念都用"误差"一词表述.
[②] 本节公式均不作证明,如需要可参阅其他有关文献.

算术平均值 $\overline{N}$ 的标准不确定度为

$$\sigma_{\overline{N}} = \frac{\sigma_N}{\sqrt{n}} = \sqrt{\frac{\sum_{i=1}^{n}(N_i - \overline{N})^2}{n(n-1)}}, \tag{1.4}$$

则测量结果表述为

$$Y = \overline{N} \pm \sigma_{\overline{N}}.$$

② 只测一次的情况.

有时因条件所限,不可能进行多次测量;有时由于仪器精度太低,偶然误差很小,多次测量读数相同;有时对测量结果精确度要求不高,也不必多次测量,只测一次就够了. 一次测量的结果也要写成 $N \pm \Delta N$ 的形式,这时 ΔN 常常用极限不确定度 e 来表示. e 的取法一般有两种: 一种是取仪器出厂时的允差;另一种是根据仪器结构、环境条件、测量对象、测量者本人感官灵敏度作估计(两者取一即可).

在计算不确定度时,有时需要在极限不确定度 e 与标准不确定度 σ 之间进行换算. 对于正态分布,可以认为 $e = 3\sigma$;对于均匀分布,可以认为 $e = \sqrt{3}\sigma$. 请注意,这些换算只能用于直接测量量.

以上我们只考虑了偶然误差,实际上还有其他误差,需要合成才能得到某测量量的综合误差. 对这方面的内容,我们不作要求.

(2) 对间接测量结果不确定度的估计

若间接测量量 N 为互相独立的直接测量量 x, y, z 的函数: $N = f(x, y, z)$,由于 x, y, z 都含有误差,所以 N 也必然含有误差. 当误差较小时,我们可以由各直接测量结果的不确定度得到间接测量结果的不确定度. 这称为不确定度的合成(或传递). 下面介绍几个不确定度合成的常用公式(不作证明),如表 1.1 所列,其中 x, y 为直接测量量,并互相独立.

表 1.1 不确定度合成的常用公式

函数表达形式	方和根合成方式	算术合成方式
$N = x \pm y$	$\sigma_N = \sqrt{\sigma_x^2 + \sigma_y^2}$	$e_N = e_x + e_y$
$N = xy$ 或 $N = \dfrac{x}{y}$	$\dfrac{\sigma_N}{\|N\|} = \sqrt{\left(\dfrac{\sigma_x}{x}\right)^2 + \left(\dfrac{\sigma_y}{y}\right)^2}$	$\dfrac{e_N}{\|N\|} = \dfrac{e_x}{\|x\|} + \dfrac{e_y}{\|y\|}$
$N = kx$ (k 为常数)	$\sigma_N = \|k\|\sigma_x$	$e_N = \|k\|e_x$
$N = x^k$ (k 为常数)	$\dfrac{\sigma_N}{\|N\|} = \|k\|\dfrac{\sigma_x}{\|x\|}$	$\dfrac{e_N}{\|N\|} = \|k\|\dfrac{e_x}{\|x\|}$

误差合成按照合成方式的不同有两种类型: 一种是方和根合成方式;另一种是算术合成方式. 前者是误差理论要求使用的标准的方法;后者是历史上沿用下来的、在要求不太严格的场合使用的较简单的方法.

间接测量结果也表示成式(1.1)的形式,其中 ΔN 可以用标准不确定度 σ 表示,也可以用极限不确定度 e 表示.

四、有效数字

1. 有效数字的概念

任何一个物理量,既然其测量结果都包含有误差,该物理量的数值就不应该无限制地写下去.例如,(1.35123…±0.01)cm 应写成(1.35±0.01)cm.因为由不确定度 0.01 cm 可知,该数值在百分位上已经有误差,在它以后的数字便没有意义了.因此,测量结果只写到开始有误差的那一位数,并且在这位数以后按"四舍五入"的法则取舍.我们把测量结果中可靠的几位数字加上有误差的一位数字称为测量结果的有效数字;或者说,有效数字的最后一位是不确定度.

这里我们看到,有效数字是表示不确定度的一种粗略的方法,而不确定度则是对有效数字中最后一位数字不确定程度的定量描述.它们都表示含有误差的测量结果.

有效数字的位数与小数点的位置无关.例如,1.23 与 123 同是 3 位有效数字.

关于"0"是不是有效数字的问题,可以这样判别:从左往右数,以第一个不为零的数字为准,其左边的"0"不是有效数字,其右边的"0"是有效数字.例如,0.0123 是 3 位有效数字,0.01230 是 4 位有效数字.作为有效数字的"0",不可省略不写.例如,不能将 1.3500 cm 写作 1.35 cm,因为它们的准确程度是不同的.

有效数字的位数多少大致反映相对误差的大小.有效数字的位数越多,则相对误差越小,测量结果的准确度越高.

2. 如何确定有效数字

(1)当给出(或求出)不确定度时,测量结果的有效数字由不确定度来确定.由于不确定度本身只是一个估计值,一般情况下,不确定度的有效数字只取一位.测量值的最后一位要与不确定度的最后一位取齐,例如(1.00±0.02)cm.一次直接测量结果的有效数字可以由仪器允差或估计的不确定度来确定;多次直接测量结果(算术平均值)的有效数字,由计算得到的算术平均值的不确定度来确定;对于间接测量结果的有效数字,也是先算出结果的不确定度,再由不确定度来确定.

(2)当未给出(或未求出)不确定度时,运算结果的有效数字的位数也不能任意选取.

对于直接测量量,在一般情况下,有效数字取决于仪器的最小分度,是否估读以及估读的程度.

对于间接测量量,其有效数字位数由参与运算的各直接测量量的有效数字位数以及运算方式来估计.例如,可以认为 2.2+0.2143 中,第一个数的误差在十分位上,它远大于第二个数的误差,因此运算结果就不应写成 2.4143,而应写成 2.4.

对于加减类型的运算,由于运算结果的不确定度总是大于或等于各运算分量中最大的不确定度,所以运算结果的有效数字位数应由这个具有最大不确定度的分量来决定,即运算结果的末位应与末位最高的数的末位取齐.例如,
$$432.3+0.1263-2=430.$$

对于乘除类型的运算,由于运算结果的相对不确定度总是大于或等于有效数字位数最少的分量的相对不确定度,所以运算结果的有效数字位数应与有效数字位数最少的分量相同.例如,
$$\frac{48 \times 3.2345}{(1.73)^2}=52.$$

当运算结果的第一位数是 1,2,3 时,可以多保留一位有效数字.例如,
$$6.3 \times 4.3=27.7.$$

以上运算规则是粗略的,只是对有效位数的一种估计.只有不确定度才是决定有效数字位

数的严格依据.

五、举例

下面将通过一道例题对讲过的内容以及其他有关的运算方法加以具体说明.

例 测定一个合金圆柱体的密度 ρ,并求其标准不确定度 σ_ρ.

先用物理天平称这个圆柱体的质量,得到 $m=14.00$ g,只称一次,天平称衡的极限不确定度(允差)为 0.04 g. 再用螺旋测径器在不同位置测其直径 D,并用游标卡尺在不同位置测其高度 H,分别各测 6 次,数值如下:

D/cm	1.0502	1.0488	1.0516	1.0480	1.0495	1.0470
H/cm	2.000	2.002	1.998	2.000	2.000	2.002

解 (1) 计算 D 的算术平均值 $\overline{D}$ 及其标准差 $\sigma_{\overline{D}}$.

按式(1.2)有

$$\overline{D}=\frac{1}{6}(1.0502+1.0488+1.0516+1.0480+1.0495+1.0470)\text{ cm}=1.049\,18\text{ cm}$$

这里,D 比各测量值多取了一位有效数字. 因为如果测量量 N 的离散程度较小,则 $\sigma_{\overline{N}}$ 有可能会较小. 根据不确定度有效数字位数的原则,首先,N 的有效数字位数比单次测量值的有效数字多保留一位;当求出 $\sigma_{\overline{N}}$ 之后,再来确定 N 的有效位数. 这也反映了多次测量可以减小偶然误差的规律.

按式(1.4)有

$$\sigma_{\overline{D}}=6.7\times 10^{-4}\text{ cm}=0.0007\text{ cm}.$$

根据不确定度确定有效数字位数原则,有

$$D=\overline{D}\pm\sigma_{\overline{D}}=(1.0492\pm 0.0007)\text{ cm}.$$

(2) 计算 H 的平均值及其标准差 $\sigma_{\overline{H}}$.

同(1)中计算的相似,可以得到

$$\overline{H}=\frac{1}{6}(2.000+2.002+1.998+2.000+2.000+2.000)\text{ cm}=2.0003\text{ cm},$$

$$\sigma_{\overline{H}}=6.1\times 10^{-4}\text{ cm}=0.0006\text{ cm}.$$

因此

$$H=\overline{H}\pm\sigma_{\overline{H}}=(2.0003\pm 0.0006)\text{ cm}.$$

(3) 计算 σ_m.

如果 ρ 的不确定度用标准不确定度 σ 表示,m 的极限不确定度也应化为标准不确定度 σ_m. 由于 m 为一次测量量,按均匀分布处理有 $e=\sqrt{3}\sigma$,因此

$$\sigma_m=\frac{0.04}{\sqrt{3}}\text{ g}\approx 0.02\text{ g},$$

$$m\pm\sigma_m=(14.00\pm 0.02)\text{ g}.$$

(4) 计算合金圆柱体密度 ρ.

由步骤(1)~(3)的计算可以得到

$$\rho=\frac{4m}{\pi D^2 H}=\frac{4\times 14.00}{\pi(1.0492)^2\times 2.0003}\text{ g/cm}^3=8.094\text{ g/cm}^3.$$

这里,常数的误差可以忽略不计,它的有效数字可以认为是任意的.对于 $\pi,\sqrt{2}$ 等无理数,参与运算所取值的位数应比运算结果的有效数字多取一位.

(5) 计算 σ_ρ.

由表 1.1 的有关公式可得

$$\frac{\sigma_\rho}{\rho}=\sqrt{\left(\frac{\sigma_m}{m}\right)^2+\left(\frac{2\sigma_{\overline{D}}}{\overline{D}}\right)^2+\left(\frac{\sigma_{\overline{H}}}{\overline{H}}\right)^2}$$

$$=\sqrt{\left(\frac{0.02}{14}\right)^2+\left(\frac{2\times 0.0007}{1.0}\right)^2+\left(\frac{0.0006}{2.0}\right)^2}$$

$$=0.0020,$$

因此 $\sigma_\rho=8.1\times 0.0020\ \text{g/cm}^3=0.016\ \text{g/cm}^3\approx 0.02\ \text{g/cm}.$

在计算时 σ_ρ/ρ 时,由于不确定度的有效数字只取一位,所以 $m,\overline{D},\overline{H}$ 只取两位有效数字就足够了,σ_ρ/ρ 也保留两位有效数字.

(6) 最后的运算结果.

由步骤(4)和(5)的计算可以得到

$$\rho\pm\sigma_\rho=(8.09\pm 0.02)\ \text{g/cm}^3.$$

六、用最小二乘法作直线拟合

假设我们测得了一个质点运动的一组速度 v 与时间 t 的数据:

$$v=y_1,y_2,\cdots,y_k,$$

$$t=x_1,x_2,\cdots,x_k.$$

我们猜想这可能是一个匀变速运动,虽然这些测量点并不严格地分布在直线上,这可能是由于测量误差的影响造成的.于是我们就可以参考这些点画出一条直线,使测量点 $(x_1,y_1),(x_2,y_2),\cdots$ 均匀分布在直线的两边,如图 1-3 所示.这条直线可用下式描述:

$$y=b_1 x+b_0, \tag{1.5}$$

它的斜率 b_1 就是待测的加速度,截距 b_0 就是待测的初速度.

但是,由于作图的方法是很粗略的,而且在"使测量点均匀分布在直线两边"这样一个原则下作出的直线并不是唯一的,所以我们需要一种更确切的解析方法和一个判断准则.常用的准则是:使图中各测量点沿垂直于 x 轴的方向到该直线的距离的平方和最小,因此这种方法叫做最小二乘法.测量点在图上到 x 轴的垂直距离分别是 $y_1,y_2,\cdots,y_k$;直线在相应横坐标处到 x 轴的垂直距离是

$$b_1 x_1+b_0,\ b_1 x_2+b_0,\ \cdots,\ b_1 x_k+b_0,$$

所以各测量点沿垂直于 x 轴的方向到直线的距离的平方和为

$$\varepsilon=\sum_{i=1}^{k}[y_i-(b_1 x_i+b_0)]^2.$$

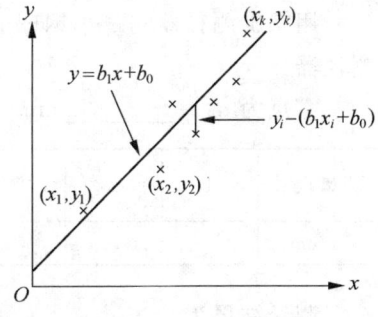

图 1-3 最小二乘法作直线拟合示意图

现在,我们要选择一条直线使 ε 最小.在我们的直线解析式(1.5)下,所谓选择直线就是选取适当的 b_1 和 b_0,使 ε 最小(由于数学知识的限制,这里不介绍具体推导,只给出结论供使用):

$$\begin{cases} b_1 = \dfrac{\overline{xy}-\overline{x}\,\overline{y}}{\overline{x^2}-(\overline{x})^2}, \\ b_0 = \overline{y}-b_1\overline{x}, \end{cases} \tag{1.6}$$

其中

$$\overline{x}=\frac{1}{n}\sum_{i=1}^{n}x_i,\quad \overline{y}=\frac{1}{n}\sum_{i=1}^{n}y_i,\quad \overline{xy}=\frac{1}{n}\sum_{i=1}^{n}x_iy_i,\quad \overline{x^2}=\frac{1}{n}\sum_{i=1}^{n}x_i^2.$$

于是我们就由自变量 x 的测量值 $x_1, x_2, \cdots, x_k$ 及其对应的函数 y 的测量值 $y_1, y_2, \cdots, y_k$ 求出了一条直线(式(1.5)),这条直线能使函数的测量值偏差的平方和最小. 这种方法也叫做一元线性回归. 式(1.5)叫做回归方程或回归直线,b_1 叫做回归系数.

我们还可以提出一个更基本的问题,即用线性关系来描述这组自变量的测量值 $x_1, x_2, \cdots, x_k$ 和函数值 $y_1, y_2, \cdots, y_k$ 是否合适?这一点是用相关系数 r 来检查的,它用来描述 x 与 y 量线性关系的密切程度:

$$r = \frac{\overline{xy}-\overline{x}\,\overline{y}}{\sqrt{[\overline{x^2}-(\overline{x})^2][\overline{y^2}-(\overline{y})^2]}} = \frac{\sum_{i=1}^{n}(x_i-\overline{x})(y_i-\overline{y})}{\sqrt{\sum_{i=1}^{n}(x_i-\overline{x})^2\sum_{i=1}^{n}(y_i-\overline{y})^2}}, \tag{1.7}$$

其中 $-1 \leqslant r \leqslant 1$. r 表征两变量 y 与 x 的相关程度:$|r|$ 的数值越大,x 与 y 的线性关系越密切; $|r|$ 的数值越小,x 与 y 的线性关系越松散. 当 $r=0$ 时,称为完全不相关或称 y 与 x 无关. 当 $|r|=1$ 时,表明全部 $(x_i,y_i)(i=1,2,\cdots,k)$ 在一条直线上.

【实验内容】

用螺旋测径器测量小钢球的体积 V 并计算其结果的不确定度 $V\pm\sigma_V$(要求正确使用螺旋测径器).

零点为 $d_0=$ _____ cm.

测量次数	1	2	3	4	5	6	平均值	标准不确定度 $\sigma_{\overline{d}}$	修正零点后的平均值 $\overline{d}$
d/cm									

测量结果为

$$\overline{d}\pm\sigma_{\overline{d}} = \underline{\hspace{2cm}} \text{ cm},$$

计算结果为

$$V=\frac{1}{6}\pi\overline{d}^3 = \underline{\hspace{2cm}} \text{ cm}^3,$$
$$\sigma_V = \underline{\hspace{2cm}}(\text{列出计算公式})= \underline{\hspace{2cm}} \text{ cm}^3,$$
$$V\pm\sigma_V = \underline{\hspace{2cm}} \text{ cm}^3.$$

【练习题】

1. 改正下列表述中的错误.

(1) $0.1030\,\text{kg}$ 的有效数字是三位.

(2) $12\,\text{km}\pm 100\,\text{m}$.

2. 设直接测量物理量的数值和不确定度都已知,分别按极限不确定度和标准不确定度计算出下列间接测量物理量的不确定度公式(按函数形式选择不确定度或相对不确定度公式之一).

(1) $N = A + B/2 - 3C$;

(2) $g = 2h/t^2$.

3. 指出下面不确定度表达式中的错误,并改正(按算术合成方式计):

$$E = \frac{4\rho d^2}{\lambda a b^3}, \quad \frac{e_E}{E} = \frac{e_\rho}{\rho} + \frac{e_l}{l^2} - \frac{e_\lambda}{\lambda} - \frac{e_a}{a} - \frac{e_b}{b^3}.$$

4. V 的测量值及其标准不确定度如下:

$$V = (1000 \pm 1)\ \text{cm}^3,$$

求 $1/V$ 及其标准不确定度.

【参考书目】

[1] 吕斯骅,段家忯主编.新编基础物理实验.北京:高等教育出版社,2005

[2] 梁秀慧,刘雪林,曾贻伟.奥林匹克物理实验.北京:北京大学出版社,1994

实验二 在气轨上研究瞬时速度

【目的要求】

1. 用极限法测定瞬时速度；
2. 深入了解平均速度和瞬时速度的关系；
3. 用作图法(外推)和最小二乘法处理数据.

【仪器用具】

气轨,滑块,光电计时器(包括光电门),不同宽度的U形挡光片,不同厚度的垫块,游标卡尺.

【仪器描述】

气轨是用一根约2 m长的三角形铝管制成的,其中管的一端堵死,另一端用软管与气源相连,管的两个斜向上的侧面上各钻有两排小孔,空气从中喷出.整个气轨安装在"口"字形铸铝梁上,梁的下面安装有用来调节气轨水平程度的螺丝(见图2-1).

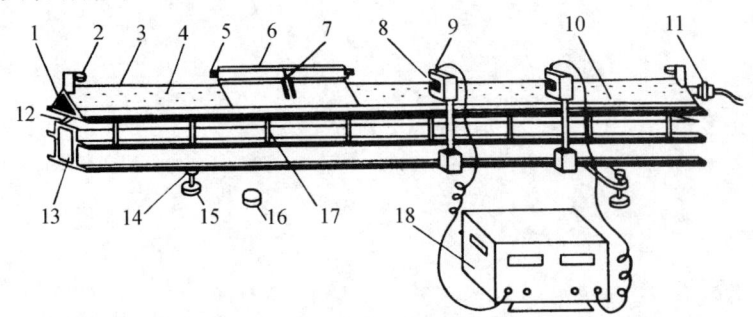

1. 堵头；2. 缓冲弹簧；3. 导轨；4. 喷气小孔；5. 碰簧 6. 滑块；7. 挡光刀片；
8. 聚光灯泡；9. 光电管；10. 标尺 11. 进气嘴 12. 压力测定孔；13. "口"字形铸铝梁；
4. 支脚调节螺丝；15. 座垫；16. 垫块；17. 调整螺杆；18. 光电计时器.

图 2-1 气轨

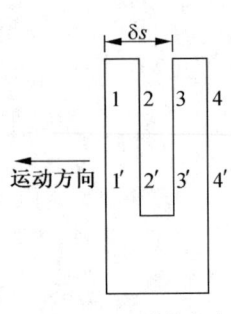

图 2-2 U形挡光片

由合金铝制成的滑块可以放在气轨的两个喷气侧面上,滑块的内表面经过精密加工与气轨的两侧面精确吻合.当气轨内的空气由小孔喷出时,在滑块与气轨之间就形成了一层很薄的气垫,使滑块"飘浮"在气垫上,因此滑块运动时受到的摩擦力很小.

气轨的一侧安装有两个位置可以移动的光电门,光电门由一个光电二极管和一个小聚光灯泡组成,其中灯泡的光束对准光电二极管.光电二极管与一台电电计时器相连接.计时是由光电二极管和U形挡光片控制的.挡光片(见图2-2)装在滑块上,随滑块一起在气轨上运动.挡光片上有四条互相平行的边,均与滑块的运动方向垂直.当挡光片经过光电门时它的第一条边($\overline{11'}$,叫做第一挡光边)再一挡光时,计时器记下这一时刻 t_1;当它的第三条边($\overline{33'}$,叫做第二挡光边)刚一挡光时,计时器又记下这一时刻 t_2.两次挡光的时间间隔为 $\delta t = t_2 - t_1$,可由计时器显示出来.然后用游标卡尺测出 $\overline{11'}$ 边与 $\overline{33'}$ 边之间的垂直距离 δs,于是滑块经过光电门附近的瞬时速度 v 就近似为

$$v = \frac{\delta s}{\delta t}.$$

本实验所用的光电计时器的输入部分有两路光电门,输出部分为 6 位发光数码管.每当光电门被挡光时,相应的光信号被光电接收电路转换成电信号,记录并存储下来,即为这一挡光时刻的值.本仪器可存储多次挡光时刻值,并最终可给出任何两挡光时刻之间的时间间隔值.

在气轨上作实验,要注意:保护气轨表面的光洁,不要使其被磨损、划伤;在没有通气时,滑块不能在气轨上摩擦;对滑块要轻拿轻放,切勿使滑块跌落.

【实验原理】

瞬时速度是一个重要的物理概念.气轨上的许多物理实验都与瞬时速度有关.然而,在这些实验中所测定的瞬时速度往往并不是严格意义下的瞬时速度,而是极短时间(或极短距离)内的平均速度;后者是前者的近似值.本实验可以帮助学生了解瞬时速度和平均速度的关系,更准确地掌握瞬时速度这一概念.

本实验采用极限法测定瞬时速度,极限法是物理实验中常用的一种方法.在许多实际情况中,理论是在极限情况(或理想情况)下得到的,而实际上都不可能实现,于是就用极限法来解决.

设变速运动的物体在经过 A 点起的一小段时间 δt 内的位移为 δs,则 δt 内的平均速度为

$$\bar{v} = \frac{\delta s}{\delta t}.$$

当 δs,δt 均趋近于零(即 $\delta s \to 0$, $\delta t \to 0$)时,平均速度 $\bar{v}$ 的极限值就等于物体在 A 点的瞬时速度 v.

在本实验中,δs 是第一、第二挡光边之间的距离,δt 是两次相应挡光时刻之间的时间间隔,$\bar{v}$ 是在 δs 及相应的 δt 内的平均速度,v 代表 U 形挡光片挡光时滑块的瞬时速度.

在实验中,无法做到 $\delta t \to 0$,但可以间接地推算,即测出从 A 点起逐渐变短(即挡光距离 δs 不断变小)的若干个 δt 内的 $\bar{v}$,画出 $\bar{v}$-δt 图线.对于匀变速直线运动,它是一条直线.将图线延伸(外推)到坐标 $\delta t = 0$ 处,对应 $\bar{v}$ 的就等于瞬时速度 v.

具体操作方法如下:在倾斜的气轨上,于 A 点处放置一光电门(见图 2-3),为滑块先后安装上挡光距离不同的 U 形挡光片,使各挡光片的第一挡光边距 A 点为 l.滑块每次自 P 点由静止开始下滑,分别测出相应的挡光时间 δt 及挡光距离 δs.设滑块由静止下滑距离 l 后的瞬时速度为 v(即第一挡光边挡光时滑块的瞬时速度),则有

$$\bar{v} = \frac{\delta s}{\delta t} = v_1 + \frac{a}{2} \delta t,$$

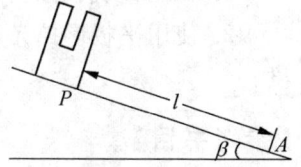

图 2-3 测瞬时速度的示意图

其中 a 为滑块在 A 点处附近的加速度.对于具有不同挡光距离 δs 的挡光片,可以测得与不同的 $\bar{v}$ 对应的 δt 值,作出 $\bar{v}$-δt 图.对于匀变速运动,直线斜率为 $a/2$,截距即为 v.

【实验内容】

1. 调节气轨水平.选择气轨平直状况较好的一段作为实验区,确定 P 点和 A 点的位置.调节气轨水平最简单有效的方法是:在气轨通气的状态先把滑块轻轻放上去,看它向哪边滑动,然后轻微调节气轨下面的螺丝①,直到滑块能基本停住不动或向两端滑动的趋势是相同的.

2. 在气轨下面只有一个螺丝的那一端,小心地将气轨抬起来,把一个标准垫块放在这个螺丝的下面.

3. 将光电门固定于 A 点,测定具有不同 δs 的挡光片自 P 点由静止开始自由下滑,经过光电门时从 A 点开始在 δs 区域内的平均速度 $\bar{v}$,作 $\bar{v}$-δt 图,将图线线性外推以求得 v_A,并用线性回归(最小二乘法)求 v_A.

4. 改变气轨的倾斜角度 β(小角度),重复上述实验.

5. 改变图 2-3 中 A 点与 P 点的距离 l,重复上述实验.

上述所有实验中的各组数据都需要多次测量.

6. 注意事项.

(1) 为了用作图(外推)法求 v_A,δs 至少要取 5 个以上的值.

(2) 挡光片是加在滑块上的附件.每次实验中,对 δs 要取不同的值,但又要保持挡光片质量相同,这样才能保证滑块在同样的条件下下滑.特别要防止把 δs 大的做成大片,把 δs 小的做成小片.

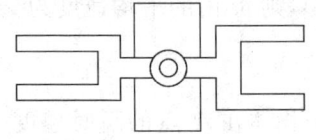

图 2-4 安装挡光片的(俯视)示意图

(3) 把挡光片装上滑块后,滑块的配重要均衡.这可以用以下方法实现:如图 2-4 所示,把每两种具有不同 δs 的挡光片组成一对,横跨在滑块两侧,以求得左右配重均衡.

(4) 为了保证具有不同 δs 的挡光片前沿在滑块的某一个固定位置开始挡光,把挡光片放在滑块前部,以滑块的前缘即是挡光片的前沿为好.这样,可以把另一对挡光片放在滑块后部,以取得前后配重均衡.

【思 考 题】

1. 试测量气轨倾斜角度 β,并把实验中所求得的加速度 a 与 $g\sin\beta$ 相比较.

2. 使用平板形挡光片和两个光电门,如何测量滑块通过倾斜气轨上某一点 A 处的瞬时速度?

【参考书目】

[1] 龚镇雄,张世良.力学实验与设计.北京:高等教育出版社,1993
[2] 梁秀慧,刘雪林,曾贻伟.奥林匹克物理实验.北京:北京大学出版社,1994

---

① 气轨的一端下面有一个螺丝,另一端下面两侧各有一个螺丝,应调节只有一个螺丝的那一端.

实验三 测定金属的杨氏模量

本实验采用静态拉伸法测定杨氏模量.第(一)部分采用光杠杆和镜尺组,用间接方法测量形变;第(二)部分使用显微镜和CCD(电荷耦合器,全称charge coupled device)摄像机等现代测试手段直接观测形变量.读者可在两者中任选一个做.

(一) 用金属丝的伸长测定杨氏模量(光杠杆法)

【目的要求】

1. 用金属丝的伸长测定杨氏模量;
2. 用光杠杆测量微小长度变化;
3. 用逐差法、作图法及最小二乘法处理数据.

【仪器用具】

测定杨氏模量专用装置一套(包括光杠杆、砝码、镜尺组),带有刀口的米尺,钢板尺,螺旋测径器等.

【仪器描述】

仪器装置的示意图见图3-1,它包括以下几部分:
(1) 金属丝和支架.

待测的金属丝I是一根钢丝,长约1 m,上端夹紧,悬挂在支架H的顶部;下端连接一个较重的金属框架A,它可以使金属丝维持伸直状态,同时可以用来它放光杠杆C.框架A的下面附有砝码托盘K,可以装载数目不同的砝码,支架上还有一个能够升降的平台B,也是用来安放光杠杆的.支架H上还有一个制动装置(未画出),用它可以制动框架A;支架H的下方安有底脚螺丝S,用来调节支架的铅垂.
(2) 光杠杆.

这是测量金属丝微小伸长的主要部件,它的构造如图

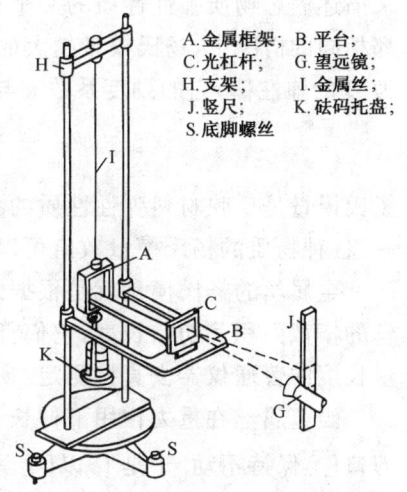

A.金属框架; B.平台;
C.光杠杆; G.望远镜;
H.支架; I.金属丝;
J.竖尺; K.砝码托盘
S.底脚螺丝

图3-1 光杠杆法测杨氏模量的装置示意图

3-2(a)所示.底板上的刀口$\overline{f_2f_3}$和足尖f_1构成等腰三角形(见图3-2(b)).f_1到$\overline{f_2f_3}$的垂线长度为D.底板上面安装一平面镜,平面镜与底板的角度可以调节.实验时,光杠杆的后足尖f_1放在与金属丝相连接的框架A上,刀口$\overline{f_2f_3}$放在平台B的固定槽里.实验开始时,f_1和$\overline{f_2f_3}$维持在同一水平面,平面镜与底板的角度调到90°.
(3) 镜尺组.

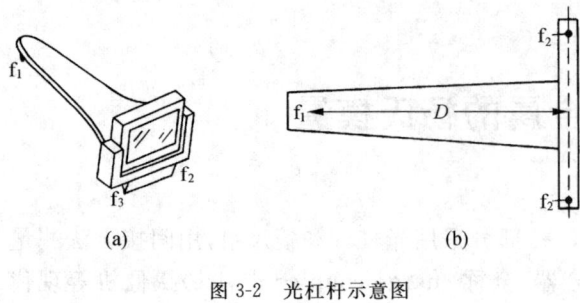

图 3-2 光杠杆示意图

它包括一把竖尺 J 和尺旁的望远镜 G，两者固定在另一个小支架上．竖尺 J 与平面镜的距离约大于 1 m．望远镜水平地对准平面镜，从望远镜中可以看到由平面镜反射的竖尺的像；为了使像看得真切清楚，另备一盏专用照明灯来照亮竖尺．望远镜内安装有细叉丝，用于对准竖尺像上的刻度进行读数．

【实验原理】

胡克定律告诉我们，在弹性限度内，一根弹性棒的弹力大小 F 和棒伸长或缩短的长度 δL 成正比：

$$F = k\delta L,$$

其中比例系数 k 是弹性棒的劲度系数．如果由同一种材料做成的几根棒的长短粗细不同，它们的劲度系数也就不同．因为 k 与材料的几何形状和具体尺寸有关，所以我们不能用它描述某种物质的弹性性质．如果我们把棒的伸长或缩短 δL 改为相对伸长或相对缩短 $\delta L/L$（L 是棒的长度），把弹性棒横截面积两边的相互作用力 F（即弹性力）改为单位横截面积上两边的相互作用力 F/S（S 为棒的横截面积），那么实验表明，在弹性限度内，胡克定律还可以表述为下列形式：

$$\frac{F}{S} = E\frac{\delta L}{L}, \tag{3.1}$$

其中 F/S 称为应力，$\delta L/L$ 称为应变，比例系数 E 称为杨氏模量，单位是 N/m^2．杨氏模量是用来描述固态物质弹性性质的一个物理量，与物质的几何形状和具体尺寸没有关系．在其他条件都相同的情况下，杨氏模量越大的物质越不容易发生形变．不难看出，一根横截面积为 S、长度为 L 的弹性棒，它的劲度系数 k 与组成该棒的物质的杨氏模量 E 有以下关系：

$$k = \frac{SE}{L}.$$

杨氏模量是反映材料弹性性质的参量之一，也是设计各种工程结构时选用材料的主要依据之一．各种物质的杨氏模量数值可以在有关的数表中查到．

金属丝的杨氏模量就是根据式（3.1）测定的．其中 F, S, L 分别为金属丝所受的重力、金属丝的横截面积和初始长度，它们都比较容易测量，只有 δL 是一个很小的长度变化，难以用测量长度的普通仪器去直接测定．现在我们就来讨论如何用光杠杆原理把 δL 测得比较准确．

当金属丝在重力作用下伸长 δL 时，光杠杆的后足 f_1 也随之下降 δL（见图 3-3），而前面的刀口 $\overline{f_2 f_3}$ 保持不动．于是 f_1 以 $\overline{f_2 f_3}$ 为轴，以 D 为半径旋转一角度 θ，这时平面镜也同样旋转 θ 角．当 θ 角很小，即 $\delta L \ll D$ 时，近似有

$$\theta \approx \frac{\delta L}{D}.$$

若望远镜中的叉丝原来对准竖尺上的刻度 r_0，平面镜转动后，根据光的反射定律，镜面旋转 θ 角，反射线将旋转 2θ 角．设这时叉丝对准竖尺上的新刻度为 r_i，令 $l = |r_i - r_0|$，则当 θ 很小，即 $l \ll R$ 时，近似有

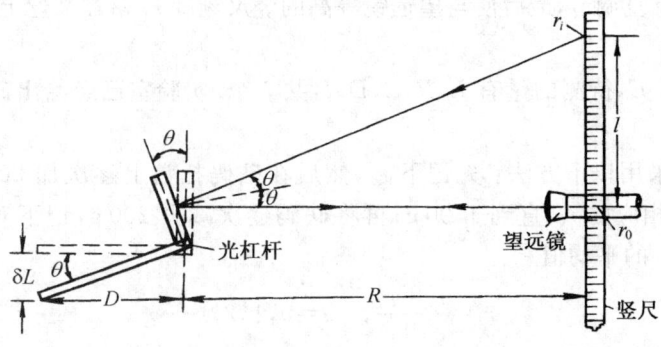

图 3-3 光杠杆原理示意图

$$2\theta \approx \frac{l}{R},$$

式中 R 是由平面镜的反射面到竖尺表面间的距离. 由上面两式可以得到

$$\delta L = \frac{D}{2R}l.$$

由此可见,光杠杆的作用在于将微小的长度变化 δL 放大为竖尺上的位移 l,放大倍数即为 $2R/D$,通过 l,D,R 这些比较容易测准的量可以间接地测定 δL. 再利用 $S=\pi d^2/4$(d 是金属丝的直径)和 $F=Mg$(M 为砝码质量,g 是当地重力加速度),于是得到

$$E = \frac{8MgLR}{\pi d^2 Dl}. \tag{3.2}$$

这就是我们在本部分中测定杨氏模量 E 所使用的公式.

由上面的推导可知,式(3.2)成立的条件包括:不超过弹性限度;θ 角很小,即 $\delta L \ll D, l \ll R$;竖尺保持竖直,望远镜保持水平;实验开始时,f_1 和 $\overline{f_2 f_3}$ 在水平面内,平面镜镜面在竖直面内等. 实验时要注意满足这些条件. 另外需要指出,为了说明 $\delta L, D, \theta$ 之间的关系,图 3-3 中的 δL 和 θ 都是夸大了的.

【实验内容】

1. 调节仪器装置.

(1) 取下光杠杆 C,打开制动器,调节底脚螺丝 S,使支架 H 竖直. 判断支架 H 竖直的标准是:框架 A 下方的圆柱在制动圈中能够无摩擦地自由运动,圆柱的上、下及四周与制动圈之间都留有缝隙,无粘连(圆柱和制动圈在图 3-1 中未画出).

(2) 调节平台 B,使光杠杆 C 放上去以后,f_1 和 $\overline{f_2 f_3}$ 维持水平. 放光杠杆 C 时,要注意保持框架 A 不动,使其下方的圆柱不与制动圈接触;同时使平面镜竖直.

(3) 调节镜尺组. 先大体上选好镜尺组的位置,使望远镜与平面镜等高,望远镜光轴水平,竖尺保持竖直. 灯光的位置要保证:眼睛在平面镜前面对着竖尺望去,望远镜附近的竖尺表面最明亮.

(4) 调节望远镜 G,分粗调和细调两步进行:首先进行粗调,即适当挪动镜尺组和灯光,使眼睛在望远镜筒的上方(靠近镜筒)沿镜筒方向能从平面镜中看到明亮的竖尺的像. 粗调完成后,再进行细调,即先调节目镜,看清叉丝,然后调节物镜,看清竖尺的像,使叉丝与竖尺的像在同一平面上,以避免视差.反复调节,最后使与望远镜等高的竖尺刻度 r_0 落在叉丝上(见图3-3).

2. 测量.

根据式(3.2)求 E,待测的量有 L,R,d,D,l,共5个.实验室已经给出砝码的质量 M,一般不需测量.

对 l 的测量可采用以下方法:先记下 r_0,然后在砝码托盘上逐次加 200 g 砝码,同时在望远镜中读出并记录相应的 r_i,直到 1400 g;再将砝码逐次减去 200 g,记下对应的 r'_i,算出对应于相同砝码质量 M_i 的平均值 $\bar{r}_i$:

$$\bar{r}_i = \frac{r_i + r'_i}{2}, \quad i = 0,1,2,\cdots.$$

数据表如下:

i	M_i/g	r_i/cm	r'_i/cm	$\bar{r}_i/\text{cm}$	$l_i = (\bar{r}_{i+4} - \bar{r}_i)/\text{cm}$
0	0.0				
1	200.0				
2	400.0				
3	600.0				
4	800.0				
5	1000.0				
6	1200.0				$\bar{l} \pm \sigma_{\bar{l}} = \underline{\quad} \pm \underline{\quad}$ cm
7	1400.0				
8					

用带卡口的米尺测量 L,R,用钢板尺测 D,只测一次,并估计测量的极限不确定度 e:

$$L \pm e_L = \underline{\quad} \pm \underline{\quad} \text{ cm};$$
$$R \pm e_R = \underline{\quad} \pm \underline{\quad} \text{ cm};$$
$$D \pm e_D = \underline{\quad} \pm \underline{\quad} \text{ cm}.$$

考虑到金属丝的不均匀性,应在不同位置用螺旋测径器测量其直径 d,数据表如下:

i	1	2	3	4	5	6	7	8	9	10
d/cm										

螺旋测径器的零点读数为 $d_0 = \underline{\quad}$ cm.

3. 数据处理.

(1) 计算 $E \pm \sigma_E$.

① 用逐差法求 l.先把 $\bar{r}_i$ 分为两组($i = 0,1,2,\cdots,7$),前四个和后四个各为一组.逐次将对应的数据相减,即

$$l_0 = \bar{r}_4 - \bar{r}_0, \quad l_1 = \bar{r}_5 - \bar{r}_1, \quad l_2 = \bar{r}_6 - \bar{r}_2, \quad l_3 = \bar{r}_7 - \bar{r}_3.$$

再由 l_0, l_1, l_2, l_3 计算其算术平均值 $\bar{l}$ 及其标准差 $\sigma_{\bar{l}}$.这样得到的 $\bar{l}$ 代表金属丝在不同负荷的情况下,平均每增加 800 g 砝码,其伸长量 δL 在望远镜中的读数.可见,逐差法也相当于对多次测量结果求平均,所以它比只测量一次要准确.

用逐差法处理数据时,应注意不要采取相邻两项相减的方法,即 $\bar{r}_1 - \bar{r}_0, \bar{r}_2 - \bar{r}_1, \cdots$,因为如果这样做,在计算 l 的平均值时,就有

$$\overline{l}' = \frac{(\overline{r}_1 - \overline{r}_0) + (\overline{r}_2 - \overline{r}_1) + (\overline{r}_3 - \overline{r}_2) + \cdots + (\overline{r}_7 - \overline{r}_6)}{7} = \frac{\overline{r}_7 - \overline{r}_0}{7}.$$

我们看到,这时只有首尾两个数据起作用,其他数据都消掉了.这样就失去了多次测量的意义,没有充分发挥每一个测量数据的作用.而且,这样计算的 $\overline{l}'$ 只相应于增加 200 g 砝码时金属丝的伸长量,它只有 $\overline{l}$ 的 1/4 左右.这说明,隔多项逐差,可以扩大测量范围,减小实验误差.

② 计算 $\overline{d} \pm \sigma_{\overline{d}}$. 先算出平均值 d', 继而算出 $\sigma_{\overline{d}}$, 最后修正零点, 即 $\overline{d} = \overline{d}' - d_0$, 从而写出

$$\overline{d} \pm \sigma_{\overline{d}} = \underline{\qquad} \pm \underline{\qquad} \text{ cm}.$$

③ 计算 E 的不确定度,即先将 e_L, e_R, e_D 各除以 $\sqrt{3}$, 分别化为 $\sigma_L, \sigma_R, \sigma_D$, 再用方和根合成的公式

$$\frac{\sigma_E}{E} = \sqrt{\left(\frac{\sigma_L}{L}\right)^2 + \left(\frac{\sigma_R}{R}\right)^2 + \left(\frac{\sigma_D}{D}\right)^2 + \left(\frac{2\sigma_{\overline{d}}}{d}\right)^2 + \left(\frac{\sigma_l}{l}\right)^2}$$

计算 σ_E, 最后写出 $E \pm \sigma_E = \underline{\qquad} \pm \underline{\qquad}$ N/m^2.

以上在计算 d 和 l 的不确定度时,为简单起见,只考虑多次测量时离散程度对不确定度的贡献,而忽略了单次测量时仪器本身的误差.

(2) 用作图法和最小二乘法处理数据.

式(3.2)可改写为

$$l = \frac{8gLR}{\pi d^2 DE} M = kM,$$

其中

$$k = \frac{8gLR}{\pi d^2 DE}$$

在确定的实验条件下是一个常量.首先,以 $l_i = \overline{r}_i - \overline{r}_0 (i = 0, 1, 2, \cdots)$ 为纵坐标, M_i 为横坐标作 l-M 图,应得一直线(请读者自己列出作图所用的数据表),其斜率为 k. 再用最小二乘法求出 k 的数值后便可由下式计算杨氏模量:

$$E = \frac{8gLR}{\pi d^2 Dk}.$$

将用这两种方法得到的 E 值加以比较.

4. 注意事项.

(1) 加、减砝码要轻放轻取,不要使框架 A 晃动,以免影响读数.实验中,应随时判断所测实验数据是否合理,以便及时发现问题,改进操作.

(2) 不要用手触摸仪器的光学表面,如平面镜镜面、望远镜的物镜和目镜等,以免损坏仪器.

(3) 测量金属丝直径时,要注意维持金属丝的平直状态,切勿将金属丝扭折.(想一想为什么?)操作时,拿螺旋测径器的手要依托在金属丝的支架 H 上;当夹紧后读数时,手不能动,读数要迅速准确.

(二) 用 CCD 成像系统测定杨氏模量

【目的要求】

1. 测定金属的杨氏模量;

2. 用CCD成像系统测量微小长度变化；
3. 用作图法和最小二乘法处理数据．

【仪器用具】

测杨氏模量专用支架，显微镜及支架，CCD成像系统（CCD摄像机及支架、监视器），米尺（带有刀口），螺旋测径器．

【仪器描述】

用伸长法测杨氏模量的装置如图3-4所示，包括以下几部分：

(1) 金属丝和支架S．S为金属丝的支架，高约110 cm，可置于实验桌上．支架S顶端设有金属丝悬挂装置，金属丝长度可调，约60～80 cm．金属丝的下端连接一小圆柱，圆柱中部的方形窗中有细横线供读数用．小圆柱外，有一钳形平台固定在支架上，设有限制小圆柱转动的装置（未画出），小圆柱的下端附有砝码托．支架S的底脚螺丝可调．

(2) 显微镜M．它用来观测金属丝下端小圆柱中部方形窗中的细横线位置及其变化，总放大率为25倍．目镜的焦距为10 mm．目镜前方装有分划板，其刻度范围为0～6.5 mm，分度值为0.05 mm，每隔1 mm刻一数字．H_1为显微镜支架．

(3) CCD成像、显示系统．

① CCD黑白摄像机的像单元数为542（水平）×582（垂直），灵敏度为最低照度≤0.2 Lx[①]，分辨率≥380TV线，定焦镜头的焦距为16 mm．CCD专用12V直流电源．

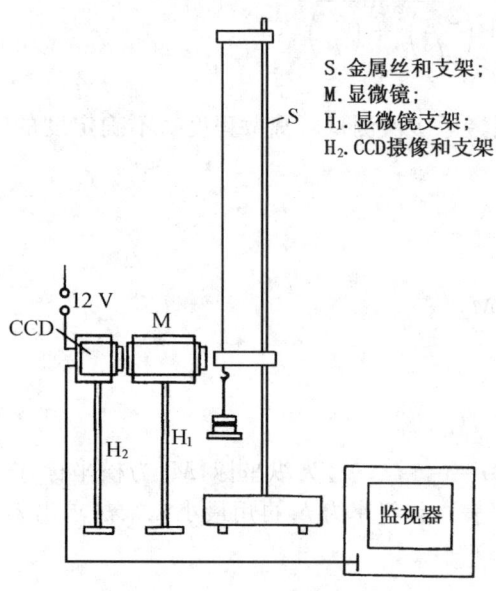

图3-4 CCD法测杨氏模量的装置示意图

② 黑白视频监视器的屏幕尺寸为23 cm，800TV线，输入阻抗为75 Ω．

③ CCD摄像机支架H_2．

以上显微镜及CCD成像显示系统的总放大率为62.5倍．

【实验原理】

本实验仍采用静态拉伸法测定杨氏模量，对式(3.1)中金属丝的微小伸长δL用CCD成像系统直接测量，把从显微镜中看到的图像通过CCD呈现在监视器的屏幕上，便于观测．CCD是目前较实用的一种图像传感器．二维CCD器件用于平面图形和文字的传递；现在已作为固态摄像器应用于可视电话和无线电传真领域，在生产过程监视和检测上的应用也日渐广泛．

本实验采用二维CCD器件作固态摄像机，它先将光学图像转变为视频电信号，再由视频电缆接到监视器，在电视屏幕上显示出来，便于观测．它改变了在本实验第（一）部分中用光

---

① "Lx"是勒[克斯]的单位符号．

杠杆、望远镜系统间接观测的方式,对伸长量 δL 进行直接测量.

令式(3.1)中的 F 和 S 分别为 $F=Mg$(M 为砝码质量), $S=\pi d^2/4$(d 为金属丝直径),则本部分中杨氏模量 E 的计算公式是

$$E=\frac{4MgL}{\pi d^2 \delta L}. \tag{3.3}$$

【实验内容】

1. 认识和调节仪器.

(1) 调支架 S 垂直(用底脚螺丝调节),使金属丝下端的小圆柱与钳形平台间可无摩擦地上下自由移动. 旋转金属丝上端的夹具,使圆柱两侧刻槽对准钳形平台两侧限制圆柱转动的小螺丝;两侧同时对称地将限转螺丝旋入圆柱刻槽中部,并注意调整后将摩擦减至最小. 在加、减砝码时,要继续注意减小摩擦.

(2) 先调显微镜目镜,用眼睛看到清晰的分划板像;再调物镜,对小圆柱中部方形窗内的细横刻线聚焦.

(3) 将 CCD 摄像机装上镜头,把 75 Ω 视频电缆线的一端接摄像机的视频输出端(video out),另一端接监视器的视频输入端(video in). 将 CCD 专用的 12 V 直流电源接到摄像机后面板的电源(power)孔,并将直流电源和监视器分别接 220 V 交流电源. 仔细调整 CCD 位置及镜头光圈和焦距,直到在监视器屏幕上看到清晰的图像.

2. 观测伸长变化.

先在砝码盘上逐次加 200 g 砝码,对应的读数为 $r_i (i=1,2,\cdots,8)$. 再将所加砝码逐个减去,记下对应的读数 r'_i. 注意本实验第(一)部分数据表中 $i=0$ 的一行被取消,而从 $i=1$($M=200$ g)至 $i=8$ 测量数据. 因为本装置不加砝码时,由于载重较轻,金属丝有轻微自由弯曲,所以需加 200 g 砝码,使它在伸直的状态下开始作实验.

3. 测量金属丝长 L 和金属丝直径 d.

对金属丝长 L 只作一次测量,对直径 d 要测量 10 次,数据表参见第(一)部分.

4. 数据处理.

(1) 用计算法处理数据

① δL. 用本实验第(一)部分中的逐差法对 r_i 和 $r'_i (i=1,2,\cdots,8)$ 进行处理,计算 $\overline{\delta L}$ 及其不确定度(用标准差 $\sigma_{\overline{\delta L}}$ 表示).

② 求 L 及估计其极限不确定度 e_L,然后除以 $\sqrt{3}$ 化为 σ_L.

③ 求 $\overline{d}$ 及估计其标准不确定度 $\sigma_{\overline{d}}$.

④ 计算结果及不确定度:$E \pm \sigma_E$,其中用方和根合成公式

$$\frac{\sigma_E}{E} = \sqrt{\left(\frac{\sigma_L}{L}\right)^2 + \left(\frac{2\sigma_{\overline{d}}}{d}\right)^2 + \left(\frac{\sigma_{\overline{\delta L}}}{\delta L}\right)^2}$$

求 σ_E.

(2) 用作图法和最小二乘法处理数据.

将式(3.3)改写为

$$\delta L = \frac{4gL}{\pi d^2 E}M = kM, \tag{3.4}$$

其中

$$k = \frac{4gL}{\pi d^2 E}$$

在确定的实验条件下是一个常量. 首先以 $\delta L = \bar{r}_i' - \bar{r}_i (i=1,2,\cdots,8)$ 为纵坐标, $M = M_i - M_1$ 为横坐标. 作 δL-M 图, 考察两个物理量之间是否成线性关系. 再将 δL 和 M 的相应数据用最小二乘法求直线斜率 k, 并代入

$$E = \frac{4gL}{\pi d^2 k} \tag{3.5}$$

计算 E.

5. 注意事项.

(1) 用 CCD 摄像机时要注意：CCD 不可正对太阳光、激光或其他强光源；CCD 的 12 V 直流电源不要随意用其他电源替代；不要使 CCD 视频输出短路；防止震动、跌落；不要用手触摸 CCD 前表面；防止 CCD 过热, 在测量间隙最好去掉电源, 降温; 镜头和 CCD 接口螺纹较细密, 旋转时要轻; 镜头要防潮、防尘和污染.

(2) 用监视器要注意防震, 并注意切忌将水或油溅在屏幕上.

(3) 不能用手触摸仪器的任一光学表面.

(4) 注意维护金属丝的平直状态；使用螺旋测径器测量其直径时切忌将它扭折.

【思 考 题】

1. 用光杠杆测量长度的微小变化的原理是什么？用式(3.2)测定杨氏模量需要满足哪些实验条件？

2. 在增加、减少砝码, 从望远镜中读取 r_i 和 r_i' 时, 如何判断所测得的数据是否合理？

3. 如果金属丝稍微有些弯曲, 可能给实验结果带来什么影响？为了减小实验误差, 应该采取什么措施？

*4. 在本实验中, 用不同的仪器来测定各个长度量, 这是怎样考虑的？为什么？

实验四　研究单摆的运动特性

【目的要求】

1. 用单摆测定重力加速度；
2. 学习使用计时仪器（停表，光电计时器）；
3. 学习在直角坐标纸上正确作图及处理数据；
4. 学习用最小二乘法作直线拟合.

【仪器用具】

单摆装置，带卡口的米尺，游标卡尺，电子停表，光电计时器.

【实验原理】

把一个金属小球拴在一根细长的线上，如图 4-1 所示. 如果细线的质量比小球的质量小很多，而球的直径又比细线的长度小很多，则此装置可看做是一根不计质量的细线系住一个质点，这就是单摆. 略去空气的阻力和浮力以及线的伸长不计，在摆角很小时，可以认为单摆作简谐振动，其振动周期 T 为

$$T = 2\pi\sqrt{\frac{l}{g}}, \tag{4.1}$$

式中 l 是单摆的摆长，就是从悬点 O 到小球球心的距离，g 是重力加速度. 因而，单摆周期 T 只与摆长 l 和重力加速度 g 有关. 如果我们测量出单摆的 l 和 T，就可以计算出重力加速度 g.

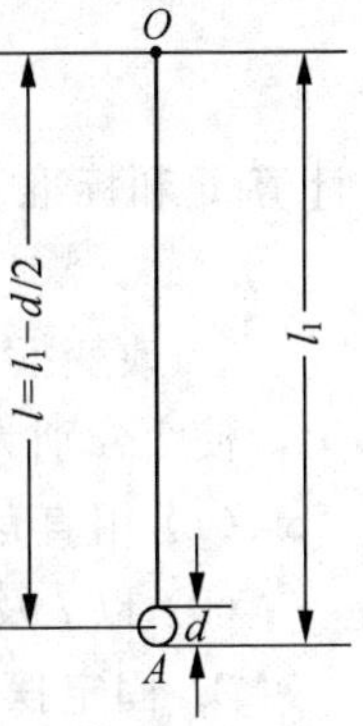

图 4-1　测摆长的示意图

【实验内容】

1. 固定摆长，测定 g.

(1) 测定摆长（摆长 l 取 100 cm 左右）.

① 先用带刀口的米尺测量悬点 O 到小球最低点 A 的距离 l_1（见图 4-1），如下所列：

悬点 O 的位置 x_1/cm	小球最低点 A 的位置 x_2/cm	$l_1 = |x_1 - x_2|$/cm

再估计 l_1 的极限不确定度 e_{l_1}，计算出标准不确定度 $\sigma_{l_1} = e_{l_1}/\sqrt{3}$.

② 先用游标卡尺多次测量小球沿摆长方向的直径 d（见图 4-1），如下所列：

次数	1	2	3	平　均	修正零点后的平均值
d/cm					

卡尺零点为_____.

再求出 $\bar{d}$ 和 $\sigma_{\bar{d}}$.

③ 摆长为
$$l = l_1 - \frac{\bar{d}}{2}.$$

求出
$$\sigma_l = \sqrt{\sigma_{l_1}^2 + \left(\frac{\sigma_{\bar{d}}}{2}\right)^2}.$$

则摆长为
$$l = \underline{\qquad} \pm \underline{\qquad} \text{ cm}.$$

(2) 测量单摆周期. 使单摆作小角度摆动, 待摆动稳定后, 用停表测量摆动 30 次所需的时间 $30T$ (累积法), 并重复测量多次, 求平均值, 如下所列:

	1	2	3	4	5	平均
$30T/\text{s}$						

求出 $\overline{30T}$ 和 $\sigma_{\overline{30T}}$, 则
$$30T = \underline{\qquad} \pm \underline{\qquad} \text{ s}.$$

(3) 由
$$g = \frac{4\pi^2 l}{T^2} = \frac{4\pi^2 l}{(30T/30)^2} = \frac{\pi^2 l \times 3600}{(30T)^2}, \tag{4.2}$$

$$\frac{\sigma_g}{g} = \sqrt{\left(\frac{\sigma_l}{l}\right)^2 + \left(\frac{2\sigma_{\overline{30T}}}{30T}\right)^2}$$

计算 g 和标准不确定度 σ_g (计算时可把 $30T$ 作为一个数, 而不必求出 T).
$$g = \underline{\qquad} \pm \underline{\qquad} [\ \ ] \text{ (写出单位符号)}.$$

2. 改变摆长, 测定 g.

使 l 分别为 60, 70, 80, 90, 100, 110 cm 左右, 测出不同摆长下的 $30T$.

(1) 用直角坐标纸作 l-$(30T)^2$ 图. 如果是直线, 说明什么? 由直线的斜率求 g.

(2) 以 l 及相应的 $(30T)^2$ 的数据用最小二乘法作直线拟合, 求其斜率, 并由此求出 g.

*3. 固定摆长, 改变摆角 θ, 测定周期 T.

使 θ 分别为 $10°, 20°, 30°$, 用光电计时器测摆动周期 T, 然后作比较, 如表 4.1 所列.

(1) 用周期 T 随摆角 θ 变化的二级近似式
$$T = 2\pi\sqrt{\frac{l}{g}}\left(1 + \frac{1}{4}\sin^2\frac{\theta}{2}\right) \tag{4.3}$$

计算出上述相应角度的周期数值, 并进行比较 (其中 g 取当地标准值).

(2) 用式 (4.1) 计算出周期 T 的值, 并进行比较 (其中 g 取当地标准值).

从以上比较中体会式 (4.1) 要求摆角 θ 很小这一条件的重要性, 并体会摆角 θ 略偏大时用式 (4.3) 进行修正的必要性.

表 4.1　固定摆长,用光电计时器测摆动周期 T

次数 \ 摆角	10°	20°	30°
1			
2			
3			
实验值 $\overline{T}$/s			
由式(4.3)计算 T/s			
$\dfrac{T_实 - T_计}{T_计}$/(%)			
由式(4.1)计算 T/s			
$\dfrac{T_实 - T_计}{T_计}$/(%)			

(3) 对光电计时器的介绍请见实验二的"仪器描述"部分. 由于光电计时器每挡一次光就记录一次挡光时刻的值,所以上述周期测量应在挡光三次之后进行. 在仪器上得出 1～3 次挡光的时间间隔即为 T.

4. 注意事项.

(1) 用停表测量周期时,应选择摆球通过最低位置处计时. 为了避免视差,应在标尺中央放一个有竖直刻线的平面反射镜,每当摆线、刻线及摆线在镜中的像三者重合时进行计时.

(2) 要注意小摆角的实验条件,例如控制摆角 $\theta < 5°$.

(3) 要注意使小球始终在同一个竖直平面内摆动,防止形成"锥摆".

【思考题】

1. 请想出一种用摆锤为不规则形状的重物(如一把挂锁)制成"单摆",并测定重力加速度 g 的方法.

2. 假设单摆的摆动不在竖直平面内,而是作圆锥形运动(即"锥摆"). 若不加修正,在同样的摆角条件下,所测的 g 值将会偏大还是偏小? 为什么?

实验五　气轨上研究碰撞过程中动量和能量变化

【目的要求】

1. 用碰撞特例验证动量守恒定律,并考察动能损耗情况;
2. 在实验操作中保证实验条件;
3. 掌握一种简化处理数据的方法.

【仪器用具】

气轨,光电计时器,带有黏合器和碰簧的滑块,骑码,U形挡光片,游标卡尺,电子天平.

【实验原理】

本实验是在一种特定的情况下检验动量守恒定律的正确性,并考察动能的损耗情况.这种特定的情况是:所研究的物体系只有两个可以看做刚体的滑块.滑块的运动限制在一条水平的直线上,滑块运动时的摩擦阻力可以忽略不计,两滑块的质心的连线与滑块运动方向平行,在碰撞的瞬间,两滑块的接触点在其质心连线上(称为对心碰撞,又称为正碰).在两滑块发生碰撞之前,其中一个保持静止状态.实验中要注意尽量满足这些条件.当我们用实验检验某一理论时,必须满足该理论所要求的实验条件.

动量守恒定律指出,若物体系在某个方向上不受外力,或者在该方向上所受外力之和为零,则此物体系在此方向上的总动量守恒.

在水平的气轨上放置两个滑块 A 和 B,它们的质量分别为 m_A 和 m_B.先让滑块 B 保持静止状态,即碰撞前滑块 B 的速度 $v_B=0$;再让滑块 A 以速度 v_A 去碰滑块 B;碰撞后滑块 A 和 B 的速度分别为 v'_A 和 v'_B.若碰撞为对心碰撞,且略去滑块运动时所受到的阻力,根据动量守恒定律应有

$$m_A v_A = m_A v'_A + m_B v'_B. \tag{5.1}$$

本实验即根据式(5.1)来检验动量守恒定律,检验的方法如下:

用天平称出滑块 A 和 B 的质量 m_A 和 m_B. v_A,v'_A 和 v'_B 可由滑块上的 U 形挡光片和光电计时器测出.若碰撞前、后两滑块的总动量分别为 K 和 K',则碰撞前后两滑块总动量的相对偏差为

$$\frac{K-K'}{K} = \frac{m_A v_A - (m_A v'_A + m_B v'_B)}{m_A v_A} = 1 - \left(\frac{v'_A}{v_A} + \frac{m_B}{m_A} \frac{v'_B}{v_A} \right). \tag{5.2}$$

若有 $K=K'$,则验证了动量守恒定律.由于存在实验误差,由实验求出的 $(K-K')/K$ 一般并不恰好为零;但只要它的绝对值 $|K-K'|/K$ 足够小(要小于实验误差),就可以认为验证了动量守恒定律.

动量守恒定律成立的条件是要求物体系不受外力或所受合外力为零.在此条件下,不论碰撞是弹性的或者非弹性的,动量守恒都成立;但是动能方面的情况就不同了.即使在碰撞过程

中没有外力对系统做功，系统的总动能在碰撞前后是否守恒，还与碰撞的性质有关．若参与碰撞的物体是由弹性材料制成的，碰撞结束后物体没有发生形变，则物体系的总动能不变．这就是弹性碰撞．若物体具有一定的塑性，碰撞结束后有部分形变残留，则物体系的总动能就会有所损耗（转变为其他形式的能量）．这就是非弹性碰撞．

若碰撞前、后两滑块的总动能分别为 E 和 E'，则碰撞前后动能的损耗率为

$$\frac{E-E'}{E}=\frac{m_A v_A^2/2-(m_A v_A'^2/2+m_B v_B'^2/2)}{m_A v_A^2/2}=1-\left(\frac{v_A'^2}{v_A^2}+\frac{m_B}{m_A}\frac{v_B'^2}{v_A^2}\right). \tag{5.3}$$

下面分两种情况讨论．

(1) 完全非弹性碰撞．

完全非弹性碰撞后，两滑块粘在一起共同运动，因而有 $v_A'=v_B'$，我们都用滑块 A 上的挡光片测量碰撞前、后的速度．设该挡光片的挡光宽度为 δs_A，碰撞前、后的挡光时间分别为 δt_A 和 $\delta t_A'$，则

$$v_A=\frac{\delta s_A}{\delta t_A}, \quad v_A'=\frac{\delta s_A}{\delta t_A'}.$$

于是，式(5.2)可写为

$$\frac{K-K'}{K}=1-\frac{\delta t_A}{\delta t_A'}\left(1+\frac{m_B}{m_A}\right), \tag{5.4}$$

式(5.3)可写为

$$\frac{E-E'}{E}=1-\left(\frac{\delta t_A}{\delta t_A'}\right)^2\left(1+\frac{m_B}{m_A}\right). \tag{5.5}$$

(2) 弹性碰撞．

令滑块 B 上挡光片的挡光宽度为 δs_B，滑块 A 和 B 上的挡光片在碰撞前、后的挡光时间分别为 $\delta t_A, \delta t_A'$ 和 $\delta t_B'$．

对于 $m_A > m_B$ 的情况，滑块 A 碰撞滑块 B 后，继续沿原方向运动．这时，式(5.2)可写为

$$\frac{K-K'}{K}=1-\left(\frac{\delta t_A}{\delta t_A'}+\frac{m_B}{m_A}\frac{\delta t_A}{\delta s_A}\frac{\delta s_B}{\delta t_B'}\right), \tag{5.6}$$

式(5.3)可写为

$$\frac{E-E'}{E}=1-\left[\left(\frac{\delta t_A}{\delta t_A'}\right)^2+\frac{m_B}{m_A}\left(\frac{\delta t_A}{\delta s_A}\right)^2\left(\frac{\delta s_B}{\delta t_B'}\right)^2\right]. \tag{5.7}$$

对于 $m_A < m_B$ 的情况，滑块 A 碰撞滑块 B 后，被反弹回来．设 $\delta s_A'$ 是滑块 A 在碰撞后挡光片的挡光宽度（注意，一般情况下 $\delta s_A' \neq \delta s_A$），根据式(5.2)，(5.3)有

$$\frac{K-K'}{K}=1-\left(\frac{m_B}{m_A}\frac{\delta s_B}{\delta t_B'}-\frac{\delta s_A'}{\delta t_A'}\right)\frac{\delta t_A}{\delta s_A}, \tag{5.8}$$

$$\frac{E-E'}{E}=1-\left[\frac{m_B}{m_A}\left(\frac{\delta s_B}{\delta t_B'}\right)^2+\left(\frac{\delta s_A'}{\delta t_A'}\right)^2\right]\left(\frac{\delta t_A}{\delta s_A}\right)^2. \tag{5.9}$$

本实验在处理数据方面很有特色，它并不是要求算出物体系在碰撞前、后的总动量和总动能，而是要求算出物体系总动量的相对偏差（即物体系在碰撞前、后总动量之差与其在碰撞前的总动量的比值）和物体系总动能的损耗率（即物体系在碰撞前、后总动能之差与其碰撞前的总动能的比值）．这样的处理是一种相对比较，因为它与每次实验中动量或动能的具体数值无关，因而更具有普遍意义．

【实验内容】

1. 调整实验装置.

(1) 使气垫导轨和光电测速装置正常工作(气轨,光电计时器,U 形挡光片等请见实验二的"仪器描述");

(2) 调节气轨水平(如果气轨的平直度不够好,只要求碰撞位置附近的气轨水平即可),使滑块在碰撞前、后的运动方向上作匀速运动,以保证碰撞时合外力为零的条件. 若使滑块运动时受到的摩擦阻力尽量小,就要使气量充足、稳定,滑块与气轨表面密合程度良好等.

(3) 调节滑块上的挡光片与运动方向平行,使挡光边与滑块运动方向垂直. 放置光电门时,要注意使挡光片的同一部位通过两个光电门.

(4) 测量时要注意保证的 $v_B=0$;尽量作到正碰,避免碰撞时滑块晃动. 即使把气轨调到水平状态,由于气流的扰动,滑块 B 也不会绝对静止在气轨上某一确定位置. 为了保持滑块 B 的正确位置,需要用手扶住它;而当滑块 A 到来的瞬间,再将手迅速撤回. 这中间如果操作不当,便会给滑块 B 以附加的力,并使 $v_B \neq 0$,而且滑块 B 在碰撞前的位置也可能偏离预期的地点. 另外,为保证正碰,滑块 A 的初速度大小也要适当.

(5) 为了尽量减小摩擦阻力对实验结果的影响,光电门的位置具有关键性作用. 每次实验时,都要将光电门放到能记下最接近碰撞前、后的滑块速度的位置. 也就是说,当滑块 A 上的挡光片刚一经过光电门,就应立即发生碰撞;当碰撞刚一结束,就能尽快地测出滑块在碰后的挡光时间.

对于完全非弹性碰撞,只需记录滑块 A 在碰撞前后的速度,两个光电门之间的距离略大于 δs_A 就可以了.

对于完全弹性碰撞,当 $m_A < m_B$ 时,光电门位置及碰撞一刹那两滑块与光电门的相对位置应如图 5-1 所示,其中 s_A 为滑块 A 上挡光刀片的宽度(不是挡光距离). 由于滑块 A 碰撞后要沿原方向弹回,在图示情况下,应使用贮存式计时器,否则将无法记录 δt_A 的数值. 当 $m_A > m_B$ 时,两滑块的挡光刀片应安置在相邻近的端点,弹簧在碰撞方向上的长度 b 要小一些,两光电门间的极限距离应为 $b + \delta s_A + s_B$,其中 s_B 为滑块 B 上挡光刀片的宽度. 光电门位置及碰撞前的瞬间两滑块与光电门的相对位置如图 5-2 所示.

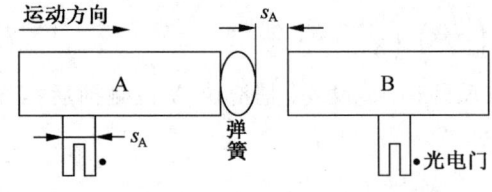

图 5-1 $m_A < m_B$ 时光电门的设置位置

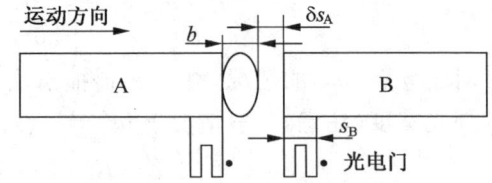

图 5-2 $m_A > m_B$ 时光电门的设置位置

2. 完全非弹性碰撞.

在 $v_B = 0, m_A \approx m_B$(两滑块质量近似相等)和 $m_A > m_B$ 的情况下,多次测量完全非弹性碰撞前、后滑块的速度,检验动量守恒定律,并测量动能变化情况. 对每种情况,取 3~5 组数据,分别计算出碰撞前、后动量的相对偏差和碰撞后动能的损耗率.

3. 弹性碰撞.

在 $v_B=0$,$m_A > m_B$ 和 $m_A < m_B$ 的情况下,多次测量弹性碰撞前、后滑块的速度,检验动量

守恒定律，并测量动能变化情况．对每种情况，取 3～5 组数据，分别计算出碰撞前、后动量的相对偏差和碰撞后动能的损耗率．

【思 考 题】

1. 为什么要求挡光片与滑块运动方向平行，而且挡光边与滑块运动方向垂直？如果不平行或不垂直会带来什么影响？

2. 碰撞前滑块 A 的速度 v_A 过大或过小有什么不好？

【参考书目】

[1] 梁秀慧，刘雪林，曾贻伟．奥林匹克物理实验．北京：北京大学出版社，1994
[2] 龚镇雄，刘雪林主编．普通物理实验指导（力学、热学和分子物理学）．北京：北京大学出版社，1990

实验六　测量空气中的声速

【目的要求】

1. 学习测量空气中声速的原理和方法；
2. 进一步学习示波器和信号发生器的使用．

【仪器用具】

声速测定仪(包含压电陶瓷换能器)，功率函数发生器，示波器等．

【实验原理】

声波是一种在弹性媒质中传播的纵波．本实验要测量超声波在空气中的传播速度．超声波是频率为 $2\times10^4 \sim 10^9$ Hz 的机械波，它具有波长短、能定向传播等优点．在超声波测距、定位、测液体流速、测材料弹性模量、测气体温度瞬间变化等方面的应用中，超声波的传播速度都具有重要意义．

声速与传播介质的弹性和密度有关，了解声速也有助于了解传播介质的有关物理性质，所以声速的测量对物理性质的认识有重要作用．

测量声速方法很多，本实验将介绍两种测量方法：一种称为极值法或共振干涉法；另一种称为相位法．

空气中的声速 v 可通过测定空气中声波波长 λ 来求得．如果已知声源振动的频率 f，则

$$v = f\lambda.$$

(1) 极值法．

如果空气中一个平面状声源(发射用换能器)沿与平面垂直的 x 方向作角频率为 $\omega(\omega=2\pi f)$、振幅为 A 的简谐振动，就会形成一列沿 x 方向传播的平面纵波．如果该声波在前进中遇到一个垂直于 x 方向的刚性平面(接收用换能器)，就会反射回来，与入射声波发生干涉而形成驻波．可以证明，当换能器间距 l 改变时，刚性平面处($x=l$)的声压振幅 $|p(l)|$ 也随之改变，其数值在极大值与极小值之间呈周期变化；而当 l 改变 $\lambda/2$ 时，$|p(l)|$ 又复原，即

$$\left|p\left(l\pm\frac{\lambda}{2}\right)\right| = |p(l)|.$$

刚性平面处声压振幅 $|p(l)|$ 的大小可以通过示波器观测．根据 $|p(l)|$ 随 l 呈周期变化的原理，可求出半波长 $\lambda/2$．如果声源频率 f 已知，便可求出声速．

这是第一种方法，称为极值法或共振干涉法．

(2) 相位法．

实际上，由于接收器的反射面不是理想刚性平面等原因，在发射器(声源处)和接收器(刚性平面处)之间存在的是驻波与行波的叠加．所以，还可以通过比较声源处($x=0$)的声压 $p(0)$ 与刚性平面处($x=l$)的声压 $p(l)$ 的相位来测定声速．通过对行波模型的分析，可以得出 $p(l)$

比 $p(0)$ 的相位落后 $2\pi l/\lambda$.

波是振动状态的传播,也可以说,是相位的传播.如果沿传播方向上任何两点的振动状态相同(同相),或者说其相位差为 2π 的整数倍,这时两点间的距离应等于波长 λ 的整数倍.当在声源的声波场中沿传播方向移动接收器(即改变 l)时,总可以找到一个位置,使得接收器接收到的电信号与声源的激励电信号同相(或为某一确定相位差);继续移动接收器,直到接收的信号再一次和声源的激励电信号同相(或达到上述同一确定相位差)时,移过的这段距离必然等于声波的波长 λ.

为了判断相位差并测定波长,我们分别将声源和接收器两处的电压信号接到示波器的 x 轴和 y 轴上,会在荧光屏上看到利萨如(Lissajous)图形.随着反射面位置的变化,图形在椭圆与直线间周期性变化.当 l 的改变量为一个波长 λ 时,图形便恢复原状.根据这一原理,便可测出声波波长 λ.

以上是求声速的第二种方法,称为相位法.

(3) 利萨如图形.

在示波器 X,Y 偏转板上分别加频率为 f_X,f_Y 的两个简谐波信号(如正弦信号)时,电子束受合成场控制,沿其合成振动(即 $X\text{-}Y$ 函数)轨迹运动,可在荧光屏上描画出两个正交简谐振动的合成图形.这种图形称为利萨如图形,其形状随两个信号的频率和相位差的不同而不同.当两者的频率相同(即 $f_Y = f_X$)时,则合成的轨迹为直线或椭圆,其形状主要由两个正弦信号的相位差 $\Delta\varphi$ 决定.图 6-1 为几个利萨如图形的例图(合成轨迹为斜椭圆等其他情形未画出).

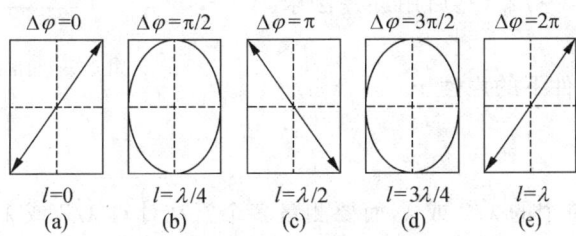

图 6-1 两个同频率简谐振动的利萨如图形的例图

【仪器描述】

声速测定仪主要是由两只相同的压电陶瓷换能器所组成,其中一只由功率函数发生器策动作为声源,它把电能转化为声能;另一只则作为反射面,同时也是接收端,它把声能转化为电能.接收端与示波器的 Y 轴相连,可以对接收端的声压信号进行观测.两只换能器的方位可以调节,其间的距离 l 也可以调节,并可由声速测定仪上的标尺测定.

【实验内容】

1. 用极值法测声速.

(1) 进一步学习示波器和功率函数发生器,按仪器说明调整好.

(2) 按图 6-2 接好线路.调节两换能器端面平行,然后锁定.

(3) 测定换能器的谐振频率 f_0.使两换能器间有适当距离,功率函数发生器有适当输出电

图 6-2　极值法连线示意图

压(该电压的有效值不得超过 15 V),并且调节示波器,使荧光屏上出现稳定的、大小适当的正弦波图形.改变信号发生频率,并略微改变接收端位置,使正弦波有最大振幅,此时信号的频率即换能器的谐振频率 f_0.若使换能器工作在谐振状态,则可以提高测量的灵敏度.

(4) 先将两换能器的间距 l 从大约一两个半波长起,缓慢地增加,记录下荧光屏上依次出现正弦波振幅极大值时标尺上的示数 $x_1, x_2, \cdots, x_n$,再缓慢地减少间距 l,记录依次出现正弦波振幅极大值时标尺上的示数 $x'_1, x'_2, \cdots, x'_n$,然后用逐差法处理数据(逐差法请见实验三第(一)部分的"实验内容"),分别求出两个过程 $\lambda/2$ 的平均值,然后再将两者平均求出 $\lambda/2$.

(5) 因为声速与温度有关,应记录下室温;再由 f_0 和 λ 求出室温条件下的声速 v.

2. 用相位法测声速.

(1) 按图 6-3 接好线路.调节两换能器端面平行,然后锁定.

(2) 调节信号电压和示波器上 X 和 Y 轴的衰减或增益,使荧光屏上出现稳定的、大小适当的利萨如图形.一般选择斜直线图形,其优点是判断相位差最为敏锐.

(3) 先记录荧光屏上依次出现相同斜直线时标尺上的示数 $x_1, x_2, \cdots, x_n$,然后用逐差法求出波长 λ 的平均值.

(4) 计算出室温条件下的声速 v.

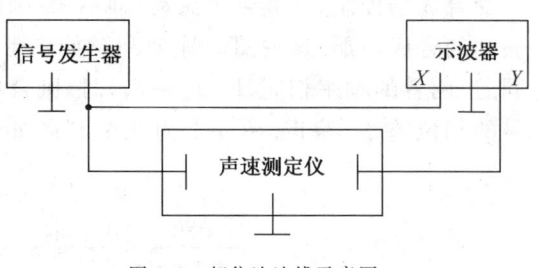

图 6-3　相位法连线示意图

【思　考　题】

1. 为什么不测量单个的 $\lambda/2$ 或 λ,而要测量多个?在计算 $\lambda/2$ 或 λ 时,将所测数据首尾相减,再除以 $\lambda/2$ 或 λ 的个数.这种计算方法与逐差法比较,哪一种较好?

2. 用第一种方法,为什么要在正弦波振幅为极大时进行测量?用第二种方法,为什么要在利萨如图形呈直线时进行测量?

【参考书目】

[1] 吕斯骅,段家怡主编.新编基础物理实验.北京:高等教育出版社,2005
[2] 梁秀慧,刘雪林,曾贻伟.奥林匹克物理实验.北京:北京大学出版社,1994
[3] 丁慎训,张连芳主编.物理实验教程.北京:清华大学出版社,2002

实验七　弦线上的驻波实验

【目的要求】

1. 观察在两端固定的弦线上形成的驻波现象,了解弦线达到共振和形成稳定驻波的条件;
2. 测定弦线上横波的传播速度;
3. 用实验的方法确定弦线作受迫振动时共振频率与张力之间的关系;
4. 用对数作图和最小二乘法对共振频率与张力关系的实验结果作线性拟合,处理数据,并给出结论.

【仪器用具】

弦音计装置一套(包括驱动线圈和探测线圈各一个、1 kg 砝码和 6 根不同线密度的吉他弦),信号(功率函数)发生器一台,双踪示波器一台,螺旋测径器,米尺(长度大于 80 cm),电子天平(或物理天平),三通接头,水准泡等.

【实验原理】

将一根弦线的两端 A,B 固定,弦线以一定的张力绷紧.这时,如果在 A,B 端点之间有策动源使弦线在 A 端附近作振幅恒定的连续的简谐振动,就会有连续的横波波列沿弦线从 A 端向 B 端传播.我们称没有经过反射的波为前进波.当一列前进波行进到固定端 B 时,便发生反射,沿着前进波的反方向传播;当遇到 A 端时,发生第二次反射;继而又沿前进波的方向传播再到达固定端 B,发生第三次反射……我们称经过一次或多次反射的波为反射波.由于源振动是连续的,所以在弦线上既有前进波,又有无数的反射波.一般情况下,由于这些波的相位不同,振幅很小,振动现象不显著.然而,如果弦线的长度和波长之间满足某种关系,使得当前进波和许多反射波都具有相同的相位时,弦线上各点都作振幅各自恒定的简谐振动.这时,弦线上有些点振动的振幅最大,称为波腹;而另外有些点的振幅为零,称为波节,形成驻波现象.

相邻两波节(或波腹)的间隔距离 l 为波长 λ 的一半,称为半波长,即

$$\lambda = 2l.$$

由于弦线两端是固定的,所以弦线两端均为波节,这时弦线的长度应该是半波长的整数倍.若令弦线长度为 L,在弦线上出现驻波的条件应该是

$$\lambda = \frac{2L}{n}, \quad n = 1,2,3,\cdots. \tag{7.1}$$

若振动频率为 f,则横波沿弦线传播的速度为

$$v = f\lambda. \tag{7.2}$$

波动理论指出,当横波沿弦线传播时,其传播速度 v 与弦线上的张力 T 及弦线的线密度(即单位长度的弦线质量)μ 之间有以下关系:

$$v = \sqrt{\frac{T}{\mu}}. \tag{7.3}$$

将式(7.2)代入上式有

$$f = \frac{1}{\lambda}\sqrt{\frac{T}{\mu}}. \tag{7.4}$$

将驻波条件(7.1)代入上式得

$$f = \frac{n}{2L}\sqrt{\frac{T}{\mu}}, \tag{7.5}$$

此时弦线形成稳定驻波,对应的振动频率称为共振频率.

【仪器描述】

本实验装置由弦音计、信号发生器和双踪示波器三部分组成.

(1) 弦音计装置由吉他弦、固定吉他弦的支架和基座、琴码、砝码支架、驱动线圈和探测线圈以及砝码等组成,示意图见图 7-1. 弦线所受张力的示意图见图 7-2.

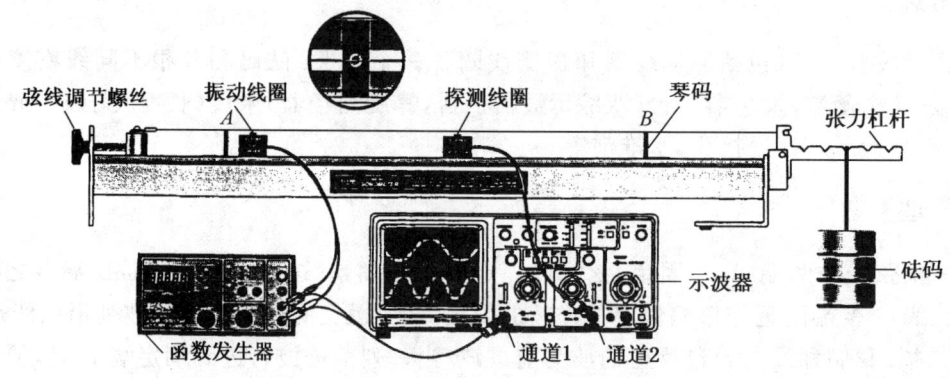

图 7-1 弦音计实验总装置图

驱动线圈和探测线圈是本装置的重要部分,其中驱动线圈通过信号发生器提供的一定频率的功率信号产生交变磁力,使金属弦线振动;探测线圈将弦线的振动转换成电信号,由示波器进行观察.

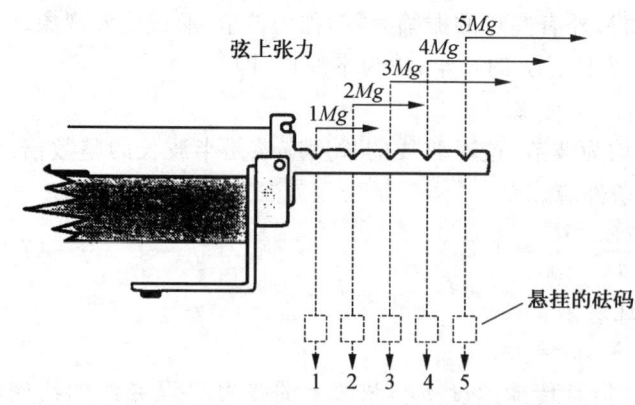

图 7-2 弦线所受张力的示意图

(2) 实验室使用的仪器为低频功率信号发生器,其输出信号的频率从 10 Hz 到 1 MHz. 本仪器用来为驱动线圈提供上述频率范围中具有一定功率的正弦信号.

(3) 本实验用双踪示波器观察信号源的波形并显示由探测线圈接收到的弦线振动的波形,以便可以及时观察弦线的振动现象.

【实验内容】

1. 认识和调节仪器.

（1）搞清弦音计装置中各部分的功能和作用，并进行实验前的调节，熟悉信号发生器和双踪示波器等仪器.

（2）用三通接头将驱动线圈分别与信号发生器和示波器的一个通道连接，并将探测线圈连接到示波器的另一通道.

2. 测定所用弦线的线密度.

不要将弦音计装置上的弦线卸下测量（注意看就会知道，这些弦线不能直接用来测量密度）. 实验室应备有与所用弦线直径相同、只取吉他弦中段约 70~80 cm 的专用样品来测量线密度.

用电子天平（或物理天平）测定弦线的质量 m_0 及与之相应的弦线长 l_0，则得到

$$\mu = \frac{m_0}{l_0}.$$

3. 观察弦线上的驻波.

固定弦上的张力 T 及弦长（即弦的有效长度）L（即图 7-1 中 A,B 两点之间的距离），并调节信号发生器的输出频率，观察在两端固定的弦线上所形成的具有 $n(n=1,2,\cdots)$ 个波腹的稳定的驻波.

4. 测定弦线上横波的传播速度.

有两种方法用来测定传播速度 v：第一种方法是将张力 T 及所测线密度 μ 代入式（7.3）即可得到 v. 第二种方法是先测出共振频率 f，再测 L，并用式（7.1）算出 λ，然后代入式（7.2）中求得.

请将两结果作比较.

5. 确定弦线作受迫振动时的共振频率（只取基频，即 $n=1$）与张力之间的关系.

先固定弦长 L，分别取弦上张力为

$$T_n = nMg, \quad n = 1,2,\cdots,5,$$

测出得到与稳定的、具有一个波腹的驻波对应的共振频率 f_n，然后取

$$X_n = \lg T_n, \quad Y_n = \lg f_n.$$

先在坐标纸上作出图线 Y_n-X_n，判断其是否为直线；然后用最小二乘法对 X_n,Y_n 作线性拟合，求出斜率. 将以上结果和式（7.5）作对比，得出结论.

6. 注意事项.

（1）为满足弦线上所受张力是所期望的数值（即图 7-2 中的 $nMg,n=1,2,\cdots,5$），要保证张力杠杆的水平. 请在每次测量前，用水准泡校验水平（如无水准泡，可用目测校验水平），并同时用弦线调节螺丝（参见图 7-1）调节.

（2）在用示波器观察弦线的振动波形时，信号发生器的输出信号应尽可能小（由于实验装置本身性能的限制），至少不要调到电压输出指示的最大值 $10V_{rms}$（V_{rms} 即电压有效值）.

（3）实验时不要使探测线圈离驱动线圈太近，保持两者距离至少 10 cm，以避免受到干扰.

（4）由于实验中不可避免的非线性现象，请同学们注意找到和识别实验条件下基频信号的频率值.

【思 考 题】

1. 在弦线上出现驻波的条件是什么？
2. 如果要确定弦线作受迫振动时共振频率与弦线有效长度 L 之间的关系，应如何安排实验？

【参考书目】

[1] 吕斯骅，段家忯主编. 新编基础物理实验. 北京：高等教育出版社，2005
[2] 梁秀慧，刘雪林，曾贻伟. 奥林匹克物理实验. 北京：北京大学出版社，1994

实验八　测定冰的熔化热

【目的要求】

1. 了解热学实验中的基本问题——量热和计温；
2. 用混合量热法测定冰的熔化热；
3. 了解粗略修正散热的方法；
4. 学习合理地选择系统参量和进行实验安排.

【仪器用具】

量热器,电子天平,数字温度计,冰,冷、热水,烧杯,停表,干燥的布.

【实验原理】

在一定压强下,晶体熔化时的温度称为该晶体在此压强下的熔点.在熔点温度下,物质的固态和液态可以平衡共存.单位质量的晶体物质在熔点时从固态全部变成液态所需要的热量叫做该晶体物质的熔化热.

1. 测量方法及其原理

本实验用混合量热法测定冰的熔化热. 混合量热法的基本做法是:把待测系统Ⅰ和一个已知其热容的系统Ⅱ混合起来,并且设法使它们形成一个与外界没有热量交换的孤立系统Ⅰ+Ⅱ. 这样Ⅰ(或Ⅱ)所放出的热量全部为Ⅱ(或Ⅰ)所吸收. 由于已知热容的系统在实验过程中所传递的热量 Q 可以由其温度的改变 ΔT 和热容 C 计算出来,即

$$Q = C\Delta T.$$

因此,待测系统在实验过程中所传递的热量就可知了.

为了使实验系统(包括系统Ⅰ和Ⅱ)成为一个孤立系统,我们采用量热器,其结构示意图见图 8-1. 量热器内筒由良导体做成,置于较大外筒的绝热架上,用绝热盖盖住,筒内空气与外界的对流可以很小. 通常在内筒中放水、温度计、搅拌器和待测物体,构成所考虑的实验系统. 内、外筒之间有空气隔绝,可以把通过热传导方式传递的热量减到最小. 内、外筒的内、外壁镀得非常光亮,使得它们发射或吸收辐射热的本领变得很小,因此实验系统与环境(外筒壁以外的空间)间因辐射而发生的热量传递也很小.

如果在量热器内筒中装入质量为 m_0、温度为 T_2 的水,将质量为 M、温度为 T_1 的冰(设在实验室环境下其熔点为 T_0)投入水中,使冰与水混合. 设当冰完全熔化为水的时刻,

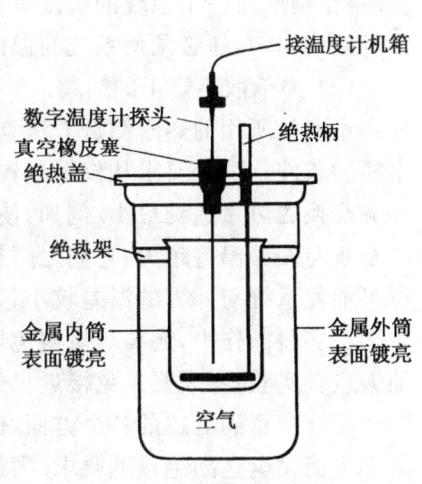

图 8-1　量热器的结构示意图

其平衡温度为 T_3，量热器内筒和搅拌器的质量分别为 m_1 和 m_2，它们的比热容分别为 c_1 和 c_2，水和冰的比热容分别为 c_0 和 c_3，数字温度计探头浸入水中部分的热容为 δC。假如上述实验系统为孤立系统，在系统达到热平衡后，则有下列热平衡方程：

$$Mc_3(T_0 - T_1) + ML + Mc_0(T_3 - T_0) = (m_0 c_0 + m_1 c_1 + m_2 c_2 + \delta C)(T_2 - T_3), \quad (8.1)$$

式中 L 为冰的熔化热。等号左边表示冰在先从固体状态熔化为水，再与系统的其他部分达到热平衡的整个过程中所吸收的热量；等式右边表示系统中水、量热器内筒、搅拌器和温度计由平衡温度 T_2 降到平衡温度 T_3 过程中所放出的热量。由式(8.1)，并且忽略数字温度计探头浸入水中部分的热容 δC，可得冰的熔化热为

$$L = \frac{1}{M}(m_0 c_0 + m_1 c_1 + m_2 c_2)(T_2 - T_3) - c_0(T_3 - T_0) - c_3(T_0 - T_1). \quad (8.2)$$

实验室提供的量热器内筒和搅拌器的材质通常都是铜，其比热容为

$$c_1 = c_2 = 0.389 \times 10^3 \text{ J/(kg·K)},$$

冰的比热容（在 $-40 \sim 0$ ℃时）为

$$c_3 = 1.80 \times 10^3 \text{ J/(kg·K)},$$

水的比热容为

$$c_0 = 4.18 \times 10^3 \text{ J/(kg·K)}.$$

冰的熔点 T_0 可以近似认为是 0 ℃，冰的初温数值由实验室提供。

2. 热学实验的基本知识

(1) 关于热量和温度的测量。

在热学实验中，关于热量传递的度量是经常要碰到的问题，但热量又是不能直接测量的。通常的做法是，将热量转化为其他容易测量的物理量来表示。对于一定质量的物质，已知其比热容，可通过温度升高或降低来计算它与另一物质之间传递的热量，这样热的测量就转化为对物质的质量和温度的测量。质量的测量是很容易实现的，而且也能测得很准确。而对于温度的测量，尽管使用了很灵敏、精度较高的温度传感器（如温差电偶、pn 结和铂电阻等）作温度计，如果使用不当，仍会带来一定的系统误差，自然就测不准了。

谈到温度的测量，首先要对"温度"这个物理量有一个正确的认识。温度是一个基本物理量。一个物质或一个系统的温度只有在平衡态下才有意义。因此，测量温度时必须使系统各处温度达到均匀，还必须使系统与温度计之间达到热平衡。

(2) 关于散热修正的问题。

本实验所用的热学测量方法是混合量热法。保持系统为孤立系统是混合量热法要求的基本实验条件；此外，要求从仪器装置、测量安排以及实验操作等各方面去保证，尽可能使系统与外界交换的热量达到最小。例如，使用量热器，可以使实验系统近似于一个孤立系统。另外，由于系统与外界温差越大，它们之间传递热量越快，时间越长，传递热量越多，所以要求实验时要尽可能使系统与外界的温差较小，并尽量使实验过程迅速进行。

在实验操作中，还要尽量避免用手去握量热器；不要在阳光直接照射下或空气流动太快的地方进行实验；冬天要避免接近火炉或在暖气旁做实验，等等。

尽管注意到上述的各个方面，但是除非系统与外界环境的温度每一时刻都完全相同，否则就不可能完全达到绝热的要求。因此，要想得到比较准确的实验结果，就需要采用一些办法来求出实验过程中系统究竟散失或吸收了多少热量，进而对实验结果进行修正。

修正实验结果的方法有多种,这里介绍一种简便和粗略的修正方法——热量补偿法.

一个系统的温度如果高于环境温度,它就要散失热量.实验表明,当温度差比较小(约不超过 10~15 ℃)的情况下,其散热速率与温度差成正比.这就是牛顿冷却定律,其数学形式表示为

$$\frac{\delta q}{\delta t} = k(T - \theta), \tag{8.3}$$

其中 δq 是系统在一个很小的时间间隔 δt 中散失的热量,$\delta q/\delta t$ 称为散热速率,表示单位时间内系统散失的热量.k 是一个常数(称为散热常数),它与系统的表面情况、表面积以及系统周围介质的性质和状态等多种因素有关.T 和 θ 分别是我们所考虑的系统以及环境的温度.由式 (8.3)可见,当 $T>\theta$ 时,$\delta q/\delta t>0$,系统向外界环境散热;当 $T<\theta$ 时,$\delta q/\delta t<0$,系统从环境吸热.我们可以认为,如果取系统的初温为 $T_2>\theta$,终温为 $T_3<\theta$,并且设法调整系统的各个参量,得到合适的 T_2 和 T_3,就可以使整个实验过程中系统与环境间的热量传递基本彼此抵消.也可以说,系统在整个实验过程中向环境的散热和从环境的吸热基本达到了补偿.

我们根据实测的量热器中系统温度 T 随时间 t 变化的数据,在坐标纸上画出曲线,如图 8-2 所示.从图中可以看到,在冰刚投入水中时,水温高,冰的有效面积大,熔化快,因此系统表面温度(即量热器中水的温度)降低较快.随着冰的不断熔化,冰块逐渐变小,水温逐渐降低,冰的熔化变慢,水温的降低也就变慢了.

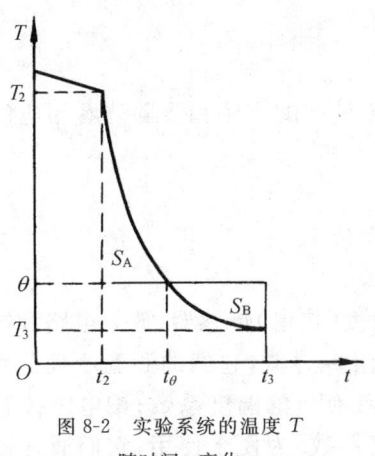

图 8-2 实验系统的温度 T
随时间 t 变化

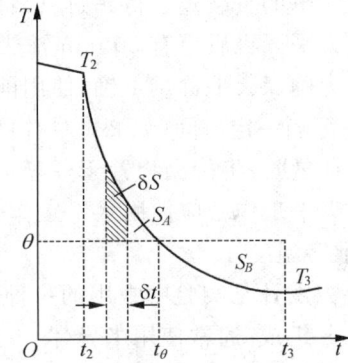

图 8-3 实验系统向环境散热和吸热
与曲线下面积的对应关系图

我们在图 8-2 中取一个足够小的时间间隔 δt,如图 8-3 所示,其中系统散失的热量为

$$\delta q = k(T - \theta)\delta t = k\delta S,$$

其中 δS 为阴影的面积.在从 t_2 到 t_θ(当 $t=t_\theta$ 时,温度计显示的温度为 $T=\theta$)的时间里,系统散失的热量等于 k 乘以面积 S_A.因为 k 是常数,也可以说,系统散失的热量就相当于面积 S_A.同理,在从 t_θ 到 t_3 这段时间里,系统从环境吸收的热量就相当于面积 S_B.如果我们适当选择系统参量(如量热器中水的质量、水的初温以及冰块的大小等),使 S_A 与 S_B 近似相等,就能做到在整个实验过程中系统向环境的散热与系统从环境的吸热基本抵消,其效果相当于系统与环境之间没有发生热量交换.

上述粗略修正散热的方法要求水的初温比环境温度高,末温比环境温度低,而且对初温、末温与环境温度相差幅度的要求比较严格,因此需要作多次实验,最终选择出合适的搭配.这也就要求实验者根据每一次实验结果进行分析,调整参量的数值,作出合理的选择.

【仪器描述】

1. 电子天平

实验中测量质量采用电子天平,其主要部件是荷重传感器、电子线路和数字显示器等. 现以一种型号为 DJ500(1000) 的电子天平为例,其外观由图 8-4 给出. 这种天平的规格是:最大称量 500 g(或 1000 g),最小分度值为 0.01 g,允差为 ±0.02 g,稳定时间为 3 s.

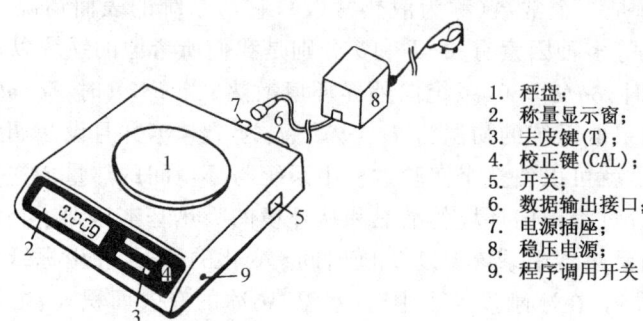

1. 秤盘;
2. 称量显示窗;
3. 去皮键(T);
4. 校正键(CAL);
5. 开关;
6. 数据输出接口;
7. 电源插座;
8. 稳压电源;
9. 程序调用开关

图 8-4 DJ500(1000)型精密电子天平

电子天平的操作规则如下:

(1) 天平的负载量不得超过其最大称量;
(2) 天平开机后应有 30 min 预热时间;
(3) 为确保天平称量正确,使用前应进行校准(关于校准的方法和步骤请看相应的产品说明书),并每隔一定时间(如 2 h 左右)校准一次;
(4) 称量时,将待测物置于秤盘中央;
(5) 天平工作台应使用水平工作台或其他防震工作台.

2. 数字温度计

数字温度计是实验中常用的一种温度计,主要由温度(热电)传感器、放大电路和数字显示等几个部分组成. 通常使用半导体 pn 结传感器和铂电阻传感器,它们的测温原理分别是:pn 结传感器利用 pn 结电压特性与温度有关的特性,并且具有负的温度系数;铂电阻传感器利用了电阻阻值随温度变化的特性,并且具有正的电阻温度系数. 为便于使用,它们通常被封装在铜管或不锈钢管中. 这样的传感器浸入待测系统部分的热容 δC 相对实验系统来说很小,可以忽略不计. 但是,如果想知道它对实验结果到底有多大影响,可以通过热学实验的一般方法进行粗测,了解其数量级范围.

基础物理实验室通常使用的数字温度计的规格是:半导体 pn 结传感器温度计的测温范围为 −25~125 ℃,允差为 ±0.5 ℃(0~100 ℃ 范围内),三位半数字显示[①];铂电阻传感器温度计的测温范围为 −25~125 ℃,允差为 ±0.1 ℃,四位半数字显示.

【实验内容】

1. 测定冰的熔化热.

实验步骤由学生自行安排,实验中要注意以下几个方面:

---

① 关于"三位半"的定义,请参看实验十一的"实验原理"部分.

（1）水的初温 T_2 可取得比室温 θ 高 10～15 ℃，水的质量取量热器内筒容量的 2/3 左右．

（2）要选取透明、清洁的冰．冰的质量不能直接用天平进行测量，可以采取间接的方法测量，即先在冰熔化以后称量冰加水的总质量，再减去水的质量．

（3）要考虑如何才能测准系统在某一时刻的温度，使温度计的读数代表被测系统的温度．整个实验过程中，要不断轻轻地进行搅拌．

（4）要考虑如何准确地确定系统的初温 T_2 和终温 T_3．

（5）注意保护温度计的传感器部分．

（6）先作一次实验，在分析实验现象和结果的基础上，先确定 T_2，T_3 及冰的质量 M 等数值大致应以多少为宜，然后再重复实验过程，直至找到上述物理量的合适数值，使系统与环境间的热交换达到补偿．经验数值约为

$$\frac{T_2 - \theta}{\theta - T_3} \approx \frac{10}{3}.$$

2. 测定实验过程中系统温度随时间的变化关系．

（1）每隔一定时间（如 20 s）测量系统温度 T，并作 T-t 图．

（2）测量和确定 T_2 的方法．由于测量者的注意力在操作上，读取投冰瞬时的水温（即水的初温）T_2 可能会不同步．为了从容地测好 T_2，可采取如下办法：在测完量热器内筒中水的质量后，对水不断地进行搅拌，并每隔一定的时间（如 15 s）读取水温．先取 5～6 个温度值后，将冰投入水中，并记录投冰的时间；再用读取的 5～6 个温度和相应的时间，作 T-t 图，并将图中直线外推到投冰时刻，此时对应的温度即 T_2．

（3）判断和确定 T_3（即冰在水中熔化结束时刻对应的系统温度）的方法．在测量中可能会出现两种现象：一是，如果在系统温度下降到某一个数值以后出现回升，则可以将温度的极小值定为 T_3；二是，如果系统温度降到某一数值后，在一段时间（如 2 min）内不再变化，也可以将该温度值定为 T_3．通常第一种情况出现在 $\theta - T_3$ 较大时，而第二种情况出现在 $\theta - T_3$ 较小时．

【思 考 题】

1. 用混合量热法必须保证什么实验条件？在本实验中又是如何从仪器、实验安排和操作等各方面来保证的？

2. 在式（8.2）中忽略了温度计探头进水部分的热容 δC．试用实验的方法粗测其大小，并说明根据实验中各个参量数值的选取情况，确实可以忽略这个量．

实验九　测定固体的线膨胀系数

【目的要求】

1. 测定固体在一定温度区域内的平均线膨胀系数；
2. 了解控温和测温的基本知识；
3. 用最小二乘法处理实验数据.

【仪器用具】

管式恒温电炉(或管式蒸汽加热恒温炉),温度自动控制器,数字温度计,千分表,米尺,待测样品棒等.

【实验原理】

在温度升高时,一般固体由于原子的热运动加剧而发生膨胀. 设 L_0 为物体在温度为 0 ℃ 时的长度,则在某个温度 T(单位为℃)时物体的长度为

$$L_T = L_0(1+\alpha T), \tag{9.1}$$

式中 α 就是该物体的线膨胀系数. 在温度变化不大时,α 是一个常数. 可以将式(9.1)写为

$$\alpha = \frac{L_T - L_0}{L_0 T} = \frac{\delta L}{L_0}\frac{1}{T}. \tag{9.2}$$

由上式可见,α 的物理意义是,当温度每升高 1 ℃ 时物体的伸长量 $\delta L(\delta L = L_T - L_0)$ 与它在 0 ℃ 时的长度之比. α 是一个很小的量,附录中列出了几种常见固体材料的 α 值.

当温度变化较大时,α 与 T 有关,可用 T 的多项式来描述：

$$\alpha = a + bT + cT^2 + \cdots,$$

其中 a,b,c 为常数.

在实际测量中,通常测得的是材料在室温 T_1 下的长度 L_1 及其在温度 T_1 至 T_2 之间的伸长量,这样得到的线膨胀系数应该是平均线膨胀系数 $\bar{\alpha}$：

$$\bar{\alpha} \approx \frac{L_2 - L_1}{L_1(T_2 - T_1)} = \frac{\delta L_{21}}{L_1(T_2 - T_1)}, \tag{9.3}$$

其中 L_1 和 L_2 为物体分别在温度 T_1 和 T_2 下的长度,$\delta L_{21} = L_2 - L_1$ 是长度为 L_1 的物体在温度从 T_1 升至 T_2 的伸长量. 实验中需要直接测量的物理量是 δL_{21},L_1,T_1 和 T_2.

为了使 $\bar{\alpha}$ 的测量结果比较精确,不仅要对 δL_{21},T_1 和 T_2 进行测量,还要扩大到对 δL_{i1} 和相应的 T_i 的测量. 将式(9.3)改写为以下的形式：

$$\delta L_{i1} = \bar{\alpha} L_1(T_i - T_1), \quad i = 1,2,\cdots. \tag{9.4}$$

实验中可以等间隔改变加热温度(如改变量为 10 ℃),从而测量对应的一系列 δL_{i1}. 将所得数据采用最小二乘法进行直线拟合处理,从直线的斜率可得一定温度范围内的平均线膨胀系数 $\bar{\alpha}$.

【仪器描述】

1. 测量样品受热伸长的装置

以加石英管的电加热炉为例(如果加热温度低于100℃,也可以采用蒸汽加热),图9-1为装置示意图.待测样品A被置于加热炉C中的石英管B中,样品两端用两根石英棒D和D′顶住,D和D′的另一端各自伸出管式炉外.石英棒D′顶住一固定物E,另一石英棒D顶在一个千分表F上.图9-2是一块千分表的照片.千分表是一种测量微小长度变化的仪器,其主要结构为:表盘等分为100小格,每小格对应0.01 mm,也即0.001 cm,千分表的名称就由此而来.内轴N(图中未画出)连接表盘中心的指针H,当N每被压缩1 mm时,H就转过一圈.如图9-2所示的千分表的指针H可以转10圈,其量程为10 mm;表盘上还附有一个小表盘指示指针H转过的圈数,满度为10.千分表在使用时要被固定,外套管G对它起固定作用.

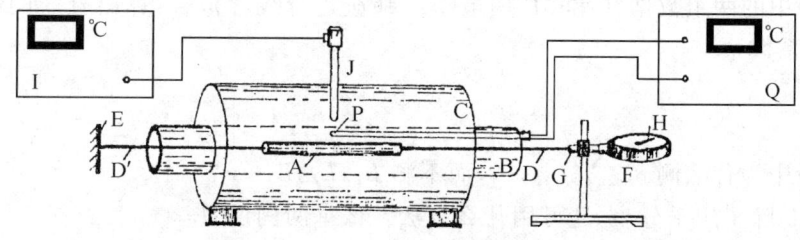

A. 待测样品;B. 石英管;C. 加热炉;D,D′. 石英棒;E. 固定物;
F. 千分表;G. 外套管;H. 指针;I. 控温仪;J. 温度探头;
P. 数字温度计的测温探头;Q. 数字温度计的显示部分和机箱

图9-1 加热样品装置示意图

实验待测样品的尺寸要根据测量方法和实际结果来选择.为了使样品在温度升高每10℃时的伸长量至少有两位有效数字,例如对金属材料($\alpha \sim 10^{-5}/℃$)样品的长度,要求 $L_1 >$ 10 cm.要保证样品被置于加热炉的恒温区,对于10 cm长的样品,应选择炉长约20 cm的加热炉.

2. 控温和测温装置

图9-1中的I为加热炉的温度自动控制仪(简称控温仪),J为温度探头.为了测得样品在平衡态(平衡温度)下的长度,要求加热温度的起伏幅度尽可能地小,所以要使用控温仪I.在使用时,注意温度探头J插入炉内时要尽量贴近石英管.Q为数字温度计的显示部分和机箱,P为数字温度计的测温探头.虽然控温仪也指示控温温度,并能指示温度变化,但是控温点的温度与样品的温度一般不会完全相同,而且控温温度计的灵敏度一般较低,因而要用数字温度计P来精确地测量样品的温度.

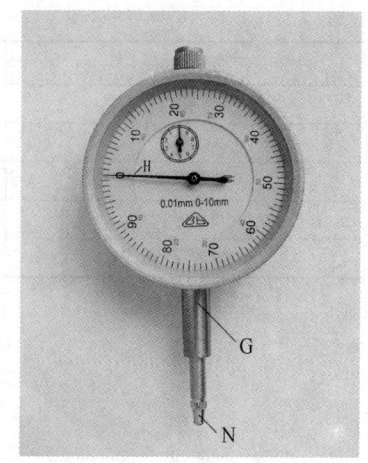

图9-2 千分表

【实验内容】

1. 熟悉实验装置,学会正确安装待测试样A.

要使样品 A 与石英棒 D 和 D′在一直线上,石英棒两端都要被顶住(见图 9-1).要固定好千分表 F,使其处于受力状况;并读取千分表上的示数,记为 L_1.

2. 学会正确安装和使用控温仪 I、数字温度计 P,正确使用千分表 F.

3. 测定室温至 100 ℃内的平均线膨胀系数 $\bar{\alpha}$.

(1) 实验样品选择铝、铜两种材质,样品尺寸约为 $\varnothing 8\,\text{mm} \times 160\,\text{mm}$.先在室温下测其长度 L_1.

(2) 用数字温度 P 计记录样品 A 被放置到加热炉中尚未被加热时的温度 T_1.

(3) 将控温仪 I 的控温温度 T_2 调到比 T_1 高 10 ℃,即 $T_2 = T_1 + 10$ ℃.加热样品,并记录千分表 F 上的相对应示数为 L_2.(注意读取 L_2 要在样品不再伸长以后.如何判断?)

(4) 重复(3)中的过程,记录下两组对应的数据:$T_1, T_2, T_3, \cdots$ 和 $L_1, L_2, L_3, \cdots$,其中 $L_2 - L_1 = \delta L_{21}$,$L_3 - L_1 = \delta L_{31}$,$\cdots$.

(5) 对(4)中的两组数据 T 和 δL 用最小二乘法进行线性拟合,算出直线的斜率,从而算出平均线膨胀系数 $\bar{\alpha}$.

【思 考 题】

1. 本实验中为什么测 $\delta L_{21}, \delta L_{31}, \cdots$,而不测 $L_1, L_2, L_3, \cdots$?

2. 测量 δL 除了用千分表,还可用什么方法?试举两例说明.

3. 在实验装置支持的条件下,在较大范围(如从室温至 600 ℃)内改变温度,确定 α 与 T 的关系.请设计实验方案,并考虑处理数据的方法.

【附　　录】

固体的线膨胀系数参考数据表

物　质	温　度	线膨胀系数$/10^{-6}(℃)^{-1}$
铝	300 K	23.2
铁	300 K	11.7
铜	0～100 ℃	17
黄铜	0～100 ℃	19
熔凝石英		0.42

实验十　测定液体的比热容

【目的要求】

1. 用冷却法测定液体的比热容,并了解比较法的优点和条件;
2. 用最小二乘法求经验公式中直线的斜率;
3. 用实验的方法考察热学系统的冷却速率同系统与环境间温度差的关系.

【仪器用具】

测定液体比热容的专用实验装置,数字温度计两台,电子天平,停表,热水和冷水,待测饱和热食盐水,饱和冷食盐水,自来水.

【实验原理】

根据式(8.3)表示的牛顿冷却定律,一个表面温度为 T 的物体,在温度为 θ 的环境中自然冷却($T>\theta$),它在单位时间里散失的热量 $\delta q/\delta t$ 与温度差 $T-\theta$ 有下列关系:

$$\frac{\delta q}{\delta t} = k(T-\theta).$$

当物体温度的变化是准静态过程时,上式可改写为

$$\frac{\delta T}{\delta t} = \frac{k}{C_s}(T-\theta), \tag{10.1}$$

式中 $\delta T/\delta t$ 为物体的冷却速率,C_s 为物质的热容,k 为物体的散热常数,与物体的表面性质、表面积、物体周围介质的性质和状态以及物体表面温度等许多因素有关,T 和 θ 分别为物体和环境的温度.k 为负数,$T-\theta$ 的数值应该很小,大约在 10～15 ℃之间.

如果在实验中使环境温度 θ 保持恒定(即 θ 的变化比物体温度 T 的变化小很多),则可以认为 θ 是常量.对式(10.1)进行数学处理,可以得到下述公式:

$$\ln(T-\theta) = \frac{k}{C_s}t + b, \tag{10.2}$$

式中 b 为(积分)常数.

可以将式(10.2)看成为两个变量的线性方程的形式:自变量为 t,应变量为 $\ln(T-\theta)$,直线斜率为 k/C_s.本实验利用式(10.2)进行测量,实验方法是:通过比较两次冷却过程,其中一次含有待测液体,另一次含有已知热容的标准液体样品,并使这两次冷却过程的实验条件完全相同,从而测定式(10.2)中未知液体的比热容.在上述实验过程中,使实验系统进行自然冷却,测出系统冷却过程中温度随时间的变化关系,并从中测定未知热学参量的方法,叫做冷却法;对两个实验系统在相同的实验条件下进行对比,从而确定未知物理量的方法,叫做比较法.比较法作为一种实验方法,有更广泛的应用,不仅限于某个学科领域.

下面介绍利用冷却法和比较法来测定待测液体(如饱和食盐水)的比热容的具体做法.

利用式(10.2),分别写出对已知标准液体(即水)和待测液体(即饱和食盐水)进行冷却的

如下公式：

$$\ln(T-\theta)_w = \frac{k'}{C_s'}t + b', \tag{10.3}$$

$$\ln(T-\theta)_s = \frac{k''}{C_s''}t + b'', \tag{10.4}$$

以上两式中 C_s' 和 C_s'' 分别是系统盛水和盐水时的热容. 如果能保证在实验中用同一个容器分别盛水和盐水，并保持在这两种情况下系统的初始温度、表面积和环境温度等基本相同，则系统盛水和盐水时的散热系数 k' 与 k'' 相等，即

$$k' = k'' = k.$$

令 S' 和 S'' 分别代表由式(10.3)和(10.4)作出的两条直线的斜率，即

$$S' = \frac{k}{C_s'}, \quad S'' = \frac{k}{C_s''},$$

可得

$$S'C_s' = S''C_s'', \tag{10.5}$$

式中 S' 和 S'' 的数值可由最小二乘法得出. 热容 C_s' 和 C_s'' 分别为

$$C_s' = m'c' + m_1c_1 + m_2c_2 + \delta C',$$
$$C_s'' = m''c_x + m_1c_1 + m_2c_2 + \delta C'',$$

其中 m', m'', c', c_x 分别为水和盐水的质量及比热容；m_1, m_2, c_1, c_2 分别为量热器内筒和搅拌器的质量及比热容；$\delta C'$ 和 $\delta C''$ 分别为温度计浸入已知液体和待测液体部分的等效热容. 由于数字温度计测温探头浸入液体部分的等效热容相对于系统的很小，故可以忽略不计. 利用式(10.5)，有

$$c_x = \frac{1}{m''}\left[\frac{S'C_s'}{S''} - (m_1c_1 + m_2c_2)\right], \tag{10.6}$$

其中水的比热容为

$$c' = 4.18 \times 10^3 \text{ J/(kg·K)};$$

量热器内筒和搅拌器通常用金属铜制作，其比热容为

$$c_1 = c_2 = 0.389 \times 10^3 \text{ J/(kg·K)}.$$

【仪器描述】

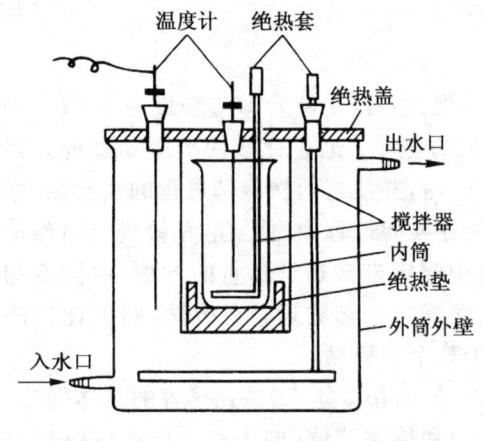

图 10-1 测定液体比热容的装置图

本实验所用装置是具有内、外筒的专用量热器，如图 10-1 所示. 外筒用一个很大的双壁水筒做成，自来水在其中不断流过，以保持恒温，并以此作为实验的"环境". 内筒盛待测液体（或已知液体），并且内筒、内筒搅拌器和液体（或已知液体）组成我们所要考虑的系统. 外筒中还配备有搅拌器，实验进行中要不停地、慢慢地搅拌.

该装置基本上满足了实验系统需在温度恒定环境中冷却的条件.

【实验内容】

1. 用冷却法测定饱和食盐水的比热容.

(1) 将量热器外筒冷却水的温度 θ 调至基本恒定（θ 的波动幅度不超过 $\pm 0.5\,℃$）.

(2) 用内部干燥的量热器内筒取约占其 2/3 体积、温度 T 约比 θ 高 $10\sim 15\,℃$ 的待测饱和食盐水，称其质量后，每隔 1 min 分别记录一次盐水温度 T 和外筒冷却水的温度 θ，共测 20 min.

(3) 将饱和食盐水回收，并洗净量热器内筒. 在内筒中盛上与食盐水体积相同、初温相同的纯净水（水的初温与盐水初温之差不超过 $1\,℃$），并重复（2）中的操作，记录有关数据.

2. 对数据处理的要求.

(1) 在同一张直角坐标纸中对水及盐水分别作 $\ln(T-\theta)$-t 图，检验得到的是否为一条直线. 如果是，则可以认为检验了式(10.2)，并间接检验了式(10.1)，也就是说，我们研究的系统的冷却速率同系统与环境之间温度差成正比.

(2) 对水和盐水分别取 $\ln(T-\theta)$ 以及相应的 t 的数据，用最小二乘法分别求出两条直线的斜率 S' 和 S''，并由此得出未知饱和食盐水的比热容 c_x.

3. 注意事项.

(1) 控制自来水龙头的进水量，既使外筒水装满，又使其不溢出，并且设法使 θ 尽量保持稳定.

(2) 要避免直接用火对内筒加热，这样会引起内筒表面的氧化，以致其表面性质发生改变，从而使散热常数 k 发生变化.

(3) 待测液体与水的初温相差不超过 $1\,℃$，它们所处的环境温度应该相同；体积应取得大致相等.

(4) 实验中要用两支搅拌器不停地轻轻搅拌，以使系统和实验"环境"内部的温度各自达到均匀.

【思 考 题】

1. 本实验为什么要采用冷却水装置？在分别对水和盐水所作的冷却过程中，要力图保持哪些相同的实验条件？

2. 实验中温度计的等效热容（$\delta C'$ 和 $\delta C''$）是否确实能忽略不计？试用实验的方法进行估计.

实验十一　学习使用数字万用电表

【目的要求】

1. 了解数字万用电表的特点和基本性能指标；
2. 学习使用数字万用电表测量直流电压、直流电流和电阻以及检查电路故障；
3. 学习使用电学仪器——电阻箱、定值电阻、直流电源等；
4. 学习连接电路，掌握电学实验操作规程.

【仪器用具】

数字万用电表，直流稳压电源，干电池，电阻，电阻箱，变阻器等.

【实验原理】

在作电学实验连接电路时，直流电源、电表、电阻、开关是必不可少的元件. 本实验重点介绍电阻和数字万用电表（digital multimeter，简称 DMM）的使用.

1. 电阻

电阻常用字母 R 表示，其基本单位是 Ω，$k\Omega$ 和 $M\Omega$，它们之间的换算关系为

$$1\,M\Omega = 1000\,k\Omega, \quad 1\,k\Omega = 1000\,\Omega.$$

实验室常用的电阻有固定电阻值的定值电阻，包括碳膜电阻、金属膜电阻和线绕电阻等；还有阻值可变的电阻，包括电阻箱、电位器和滑线变阻器等.

(1) 定值电阻.

① 碳膜电阻. 在圆柱形瓷管上覆盖一层具有一定导电能力的碳膜，在柱体两端连出引线，即构成碳膜电阻. 它具有稳定性好、噪声低、阻值范围宽等优点.

② 金属膜电阻. 它的外形结构和碳膜电阻类似，不同的是它采用合金粉真空蒸发制成，以金属膜为导电层，表面涂以红色或棕色保护漆. 它比碳膜电阻性能优越，具有精度高、稳定性好、噪声低、阻值范围宽、耐热性能好等优点，而体积只有碳膜电阻的 1/2.

③ 线绕电阻. 它用镍络丝、锰铜丝和康铜丝绕在瓷管上制成，外表涂以釉或酚醛作为保护层，颜色有黑、棕、灰、蓝色等. 除了前两种电阻的优点之外，它还具有功率较大的特点.

④ 定值电阻的主要规格包括：

(a) 标称阻值，即生产电阻时给出的批量电阻阻值，同时给出阻值的误差范围，有时标在电阻表面（例如 $1\,k\Omega \pm 5\%$）.

(b) 额定功率，即在长时间工作而不损坏或改变其性能的前提下，电阻允许消耗的最大功率. 额定功率取决于电阻的几何尺寸和表面积，常用的有 1/8 W，1/4 W，1/2 W，1 W 和 2 W.

使用定值电阻时，应根据电路要求选取合适的电阻. 除了考虑阻值满足要求之外，还应根据电路的最大电流进行估算，确定电阻的功率.

(2) 电阻箱.

电阻箱的阻值准确且变化范围大,实验中常作为阻值可变的标准电阻使用.

① 电阻箱的结构.

电阻箱由一系列锰铜线绕成的标准电阻串联而成.图 11-1(a)为一种六钮电阻箱面板的示意图,其连接方法如图 11-1(b)所示.

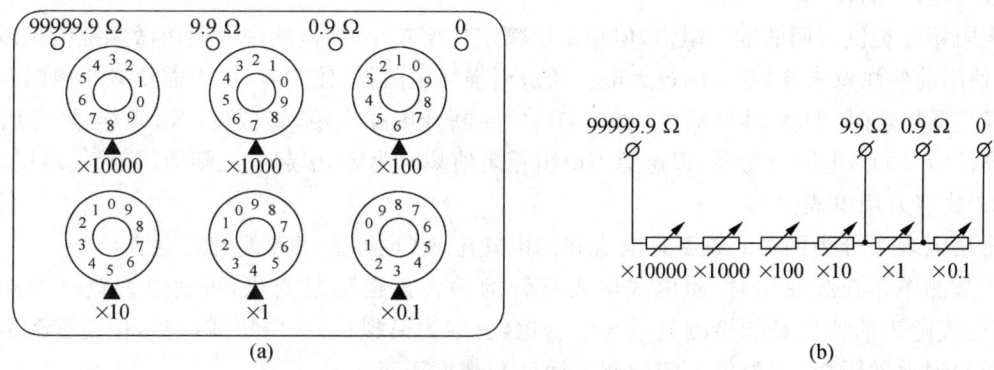

图 11-1　六钮电阻箱的面板示意图(a)和内部接线图(b)

电阻箱的调节旋钮采用十进制步进方式.每个旋钮标有数字 0~9,各旋钮下方分别标出倍率 ×0.1,×1,×10,…,×10000.当每个旋钮的数字对准其倍率标志时,先用数字乘以倍率即为所在位的电阻值,再将各旋钮阻值相加,即为电阻箱当前阻值.如图 11-1(a)所示的电阻箱的阻值为 87654.3 Ω.

② 电阻箱的主要规格包括:

(a) 最大电阻.如图 11-1 所示的六钮电阻箱的最大电阻为 99999.9 Ω.

(b) 额定功率.这是指组成电阻箱每个标准电阻的额定功率.一般电阻箱的额定功率为 0.25 W,可以由它计算额定电流.例如,在使用 100 Ω 档的电阻时,电阻箱允许通过的最大电流为

$$I = \sqrt{\frac{0.25\,\text{W}}{100\,\Omega}} = 0.05\,\text{A}.$$

六钮电阻箱的各挡容许通过的电流数值如表 11.1 所列.

表 11.1　六钮电阻箱各挡的容许负载电流

旋钮倍率	×0.1	×1	×10	×100	×1000	×10000
容许负载电流/A	1.5	0.5	0.15	0.05	0.015	0.005

(c) 阻值误差.电阻箱的阻值误差包括两部分:等级误差和接触电阻.

等级误差即电阻箱的准确等级,一般分为 0.02,0.05,0.1,0.2 等,它表示电阻值的相对百分误差.如图 11-1 所示的电阻箱的等级误差为 0.1 级.当电阻为 87654.3 Ω 时,由电阻箱等级带来的误差为 87654.3 Ω×0.1‰≈87.7 Ω.

另一类误差是调节旋钮时的接触电阻.对不同级别的电阻箱,接触电阻的标准亦不同.例如,0.1 级电阻箱规定每个旋钮的接触电阻不得大于 0.002 Ω.在使用较大阻值时,接触电阻带来的误差可以忽略;但是在使用较小电阻时,这部分误差却不容忽视.对于如图 11-1 所示的六钮电阻箱,当阻值为 0.5 Ω 时,接触电阻所带来的相对误差为 6×0.002 Ω/0.5 Ω=2.4%!为

此,电阻箱增加了小电阻接线柱.图中的电阻箱有四个接线柱:0,0.9 Ω,9.9 Ω,9999.9 Ω,其中 0 与其余三个接线柱分别构成三种不同的电阻调整范围,可根据需要进行选择.当阻值为 0.5 Ω时,使用 0 和 0.9 接头,电流只经过×0.1 Ω这个旋钮,接触电阻就可小于 0.002 Ω,带来的误差大大减小.

③ 电阻箱的使用.

电阻箱能提供可调的准确阻值,但是由于额定功率较小,在电路中一般用做标准电阻或负载电阻.使用前应注意核算,避免因过大电流通过而损坏电阻箱.使用时,如果需要减小电阻箱的阻值而换用低位电阻(如将 1 kΩ 减小为 900 Ω),应先断开电路电源,将低位(×100)电阻增加为 9,再将高位(×1000)电阻调为零,以避免因电阻箱阻值瞬时为零,引起电流陡增,造成仪器损坏.

2. 数字万用电表

常用电表可分为两类:数字式电表和磁电式电表(也称为指针偏转式电表).

当被测电量连续变化时,磁电式电表指针的偏转角也随之变化,可通过表盘读取测量结果.磁电式电表的特点是能检测显示连续变化(也称为模拟量)的电压或电流,但是受到表头误差和读数误差的限制,这类仪表的检测灵敏度和精度不高.

数字式电表通过模拟-数字(A/D)转换器将连续变化的模拟量变为离散的数字量,经过处理,再通过数码显示器以十进制方式显示测量结果.数字式电表具有磁电式电表不可比拟的特点和优势.近年来,以数字测量为基础的智能检测迅猛发展,在各个领域得到了广泛应用.

数字万用电表是一种功能强、精度高、测量速度快、使用方便的数字仪表,在工作、学习中的应用十分普遍,也是物理实验中使用的主要仪表之一.它可以测量直流电压、直流电流、电阻、交流电压、交流电流,还可以测量二极管的正向压降,也可以进行电路或器件通断测试(用蜂鸣音响表示).有些数字万用电表还可以测量电容、三极管 hEF 参数[①]、电容、温度、频率等物理量.数字万用电表一般具有误操作报警及过载保护功能,使用时更加方便.

数字万用电表是在直流数字电压表(digital voltmeter,简称 DVM)的基础上配接各种变换器构成的,其组成原理请参看实验十五.

(1) 数字万用电表的特点和主要技术指标.

由于结构组成的特点,数字万用电表的主要技术指标以及误差表示方法与磁电式电表不同.以本实验所用的数字万用电表——直流电压表的 200 mV 和 2 V 量程为例,其主要规格如表 11.2 所列.

表 11.2 三位半直流数字电压表的主要性能参数

位数	量程	输入阻抗/MΩ	准确度	分辨率/mV
$3\frac{1}{2}$	200 mV	10	±(0.5%×读数±1 个数字)	0.1
$3\frac{1}{2}$	2 V	10	±(0.5%×读数±1 个数字)	1

数字万用电表的特点和主要技术指标如下:

① 数字显示.测量结果以十进制数字显示,读数清楚,消除了磁电式电表的读数误差.

② 位数,即数字电压表能显示数字的位数,由整数位和分数位组成,能显示 0~9 所有数字

---

① hEF 参数即直流电流放大系数,是指在共发射极接法中,当没有交流信号输入时,集电极的直流输出电流与基极的直流输出电流之比.

的是整数位；反之称为分数位. 分数位的数值是以最大显示值的最高位数字为分子,以满量程时的最高位数字为分母. 例如对于规格如表11.2介绍的数字万用电表,其最大显示值是1999,最高位只能是0或1,满量程数值为2000,因此分数位是1/2,称为$3\frac{1}{2}$位(也称做三位半).

③ 准确度高是数字万用电表的主要优点之一. 数字万用电表的准确度由两部分组成：

$$\Delta U = \pm a\% U_x \pm \text{几个字}, \tag{11.1}$$

其中U_x为读数值,$a\% U_x$称为读数误差,而"几个字"则表示使用该量程时的最小误差. 第一部分误差反映了A/D转换器和功能转换器的综合误差,而第二部分误差反映了数字化(量化)处理带来的误差. 例如,用表11.2中的量程为200 mV的直流数字电压表测量100 mV的电压,其读数为100.0 mV,因而误差为0.5 mV+0.1 mV=0.6 mV. 可见,数字万用电表的准确度要高于磁电式电表.

由式(11.1)可知,误差的第一部分与读数值有关,而第二部分与读数值无关. 如果选用2 V量程测量100 mV电压,读数为100 mV,其误差则是0.5 mV +1 mV=1.5 mV. 这显然要比选用200 mV量程的误差大. 因此使用时应选取略大于被测值的量程,以减小误差.

④ 分辨率是指数字电压表能够显示被测电压的最小变化值,即最小量程显示器末位跳变一个字所对应的最小输入电压. 分辨率反映了仪表的灵敏度. 要注意分辨率和准确度是两个不同的概念,不要混淆.

⑤ 输入阻抗相当于电表内阻. 输入阻抗高是数字万用电表的又一优点. 直流数字电压表的输入阻抗一般都高于10 MΩ,而且与量程无关,因此使用时电表的接入误差一般可以忽略不计.

需要注意的是,直流电流表的内阻并不是非常小,例如上述数字万用电表200 μA量程的内阻约为1 kΩ. 使用时应查看说明书或进行检测.

⑥ 测量速度快,自动化程度高. 直流数字电压表完成一次测量的时间很短,可小于几微秒；但是在测量高阻时,测量时间稍长,大约要几秒钟. 有的数字万用电表内使用了微处理器,仪表有很强的数据存储、计算、自检等功能,可通过接口和计算机连接构成智能检测系统.

⑦ 功能多样. 使用数字万用电表进行交流测量时,应注意了解仪表的频率响应范围.

(2) 数字万用电表的使用方法及注意事项.

① 数字万用电表功能强,量程多. 使用前应阅读说明书,了解仪器的性能、使用方法及注意事项.

② 使用前应检查电表电源. 便携式数字万用电表一般使用内置9 V的电池. 按下电源键,如果显示电池电压不足的图形,则必须更换电池. 还要注意测试表笔插口旁的警示符号,它提示使用者留意测试电压或电流不要超过指示数字.

③ 选择合适的功能量程进行测量. 首先要看清所用数字万用电表的功能和量程,根据被测量的种类(交流或直流；电压、电流或电阻)及大小将选择开关调到合适位置. 如果不清楚被测量大小,应选择最大量程进行试测.

④ 测量直流电压.
- 选择DCV量程.
- 将红表笔插入VΩ孔,黑表笔插入COM孔内,并保证接触良好.
- 测量时,表笔应并接在被测电阻或电源两端.
- 在显示测值大小时,同时显示红表笔的极性.

- 使用时如只在最高位显示"1",表示被测量超过量程,应换用更大的量程进行测量.
- 不得接入高于 1000 V 的直流电压或 750 V 以上的交流电压!
- 测量时(特别是测量高压时),双手不得接触表笔的金属部分.

⑤ 测量直流电流.
- 选择 DCA 量程.
- 将红表笔插到 A 孔.如果电流大于 2A,则应插到 10A 插孔.
- 电流表应串联接入被测电路.
- 电流量程各挡的内阻并非很小,应注意查看说明书.一般 200 μA 挡的内阻约为 1000 Ω;2 mA 挡的约为 100 Ω;20 mA 挡的约为 10 Ω.

(e) 使用数字万用电表测量直流电流前,一定要进行核算,避免电流过大造成损坏.切忌用电流量程去测量电压!

⑥ 测量电阻.
- 选择 Ω 量程.
- 将红表笔插入 VΩ 孔,黑表笔插入 COM 孔内,并保证接触良好.
- 测量时,表笔应并接在被测电阻两端.
- 使用电阻挡测量时,会接通表内电源,而且各挡电流不同(应注意查看说明书),因此不得测量带电电阻.在测量额定电流较小的元器件时,也应特别注意,避免烧坏被测元件.
- 红表笔为高电压,黑表笔为低电压.
- 使用电阻量程两表笔断开时,电表示值为"1",说明这时电阻为无穷大.将两电表表笔短接,电表示值应该为零;如果不为零,所显示的是短路电阻值,以后测量时应作为系统误差扣除.
- 测量时,双手不要同时接触表笔的金属部分,以免影响测量精度,在测量高阻时尤其要注意.

⑦ 测量交流电压和交流电流.
- 将功能开关(或功能键)置于 AC 处.
- 检测交流电压不得高于 750 V.
- 检测频率一般为 45~1000 Hz.
- 表笔位置和测试方法与测量直流电压和直流电流时相同.

⑧ 使用完毕,关闭电源开关.

(3) 用万用电表检查电路故障.

实验中有时会遇到以下情况:电路连接没有错误,但合上开关后却不能正常工作.这说明电路可能存在故障,例如电路某处断线,开关或接线柱接触不良,或者电表、元件内部损坏或使用不当.有些故障可以根据发生的现象来判断,例如从仪表显示异常、指示灯不亮等现象分析判断;有的故障则需要使用万用电表来检查.

通常采用万用电表的直流电压量程进行检测.首先要理解电路原理,了解电路各点电压的正常分布.然后在接通电源的情况下,从电源两端开始沿电流流通方向(或其逆向)逐一检查各点电压分布.出现电压反常之处,就是故障之所在.也可以将电压表的黑表笔固定在电源负极,红表笔从电源正极开始,沿电路导线连接顺序逐点进行检测,找到电压分布异常点.这种方法的优点是快速、安全.

迅速查清并排除电路故障是电磁学实验的基本训练内容之一,在以后的实验中,应继续使用万用电表检查电路,以培养分析问题和解决问题的独立工作能力.

3. 直流稳压电源

实验室常用的直流电源有直流稳压电源和干电池.直流稳压电源将输入的220 V交流电压变为稳定的直流电压输出,其内阻小,输出电压稳定且连续可调,输出功率较大,使用方便.直流稳压电源的主要性能指标是输出电压范围、最大输出电流(或最大输出功率)、纹波系数、负载调整率和电压调整率等.例如,某种型号直流稳压电源的最大输出电压为30 V,最大输出电流为5 A.

使用直流稳压电源之前,应根据电路要求进行估算,大致确定电源电压数值;先将输出电压调成零;认清电源正、负极,不要接错.接通电源开关后,将电源电压调到所需数值,如果没有把握,可以先取较小电压,根据实验情况再调整电源电压.切忌盲目调高电源电压,造成电路元件损坏或超过电源的额定输出功率.

4. 开关

实验室常用的电路开关为单刀双掷开关和双刀双掷开关.使用前应注意看清开关的结构,接线时不得出错.切忌将电源正、负极直接接到开关同一"刀"的两端,闭合后造成电源短路.

【实验内容】

1. 学习使用数字万用电表测量直流电压.

(1) 测量干电池电动势.1号干电池的电动势约为1.5 V,考虑应使用直流电压的哪一个量程测量.多次测量,观察测值变化.

(2) 测量直流电源的输出电压.使用直流电压的20 V量程进行测量,将表笔接到直流电源的输出接线端上.打开电源开关,将电源电压由零至10 V慢慢增大,观察电表示值的变化.

2. 学习使用数字万用电表测量电阻.

(1) 测量电阻箱阻值.先将电表表笔短接,观察短路电阻;再将表笔接到电阻箱的接线端,改变电阻箱阻值,观察电表示值的变化.

改变电阻量程,测量同一阻值,体会应如何选择合适量程.

(2) 选择合适电阻量程,测量定值电阻.

3. 学习使用数字万用电表测量直流电流.

使用数字万用电表测量直流电流时,应注意检查表笔是否接对位置.测量前要进行核算,避免电流过大造成损坏,切忌不得用电流量程去测量电压!

(1) 测量串联电路中电阻两端电压和电流的关系.用一个定值电阻和电阻箱组成串联电路,实验电路见图11-2,其中电源电压为$E=1.5$ V.用一块数字万用电表分别测量电阻上的电压,另一块万用电表测量电路电流.

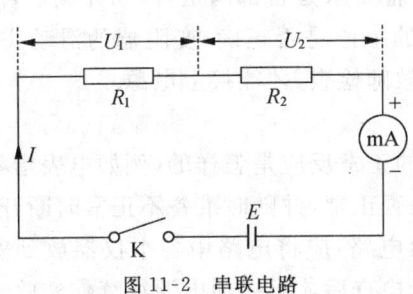

图 11-2 串联电路

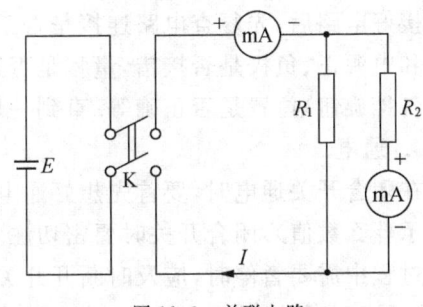

图 11-3 并联电路

先调整电阻箱的阻值与定值电阻相同,测量串联电路中电阻两端电压分布和电流的关系.将电阻箱的阻值增大一倍,电压分布和电流有变化吗?将电源电压提高,令 $E=3\,\mathrm{V}$,电压分布有变化吗?改变电路参数时,注意调整电表的相关量程.

(2) 同样,可以将一个定值电阻和电阻箱组成并联电路,实验电路见图 11-3. 设计实验步骤,测量并联电路中总电流和分路电流的关系以及电压和电流的关系.

*4. 学习使用数字万用电表检查电路故障.

对于上述电路,两个同学可以互相设置故障,分别用电压表法和欧姆表法(参看实验十四"附录"部分)练习检查电路故障.注意不要设置短路故障.

【思 考 题】

1. 调节电阻箱的阻值分别为 $500\,\Omega$ 和 $5\,\Omega$ 时,电阻的误差是多少?
2. 电源电压为 $110\,\mathrm{V}$.是否可以只用一个电阻箱控制,得到 $0.5\,\mathrm{A}$ 的电流?
3. 对于一块四位半的数字万用电表的直流电压 $200\,\mathrm{mV}$ 量程,可能出现的最大数字是多少?最小分辨率是多少?
4. 使用数字万用电表的直流电压 $2\,\mathrm{V}$ 量程测量直流电压,测量值为 $1.5\,\mathrm{V}$,测量误差为多少?如果测量值为 $0.15\,\mathrm{V}$,测量误差为多少?如果换用 $200\,\mathrm{mV}$ 量程测量直流电压 $0.15\,\mathrm{V}$,误差为多少?
5. 为什么不宜用数字万用电表的电阻挡测量表头内阻?
6. 为什么不能用数字万用电表的电阻挡测量电源内阻?

【附　　录】

电磁学实验的操作规程

1. 准备.

作实验前要认真预习,作到心中有数,并准备好数据表.实验时,先把实验仪器的规格弄清楚,然后根据电路图要求摆好仪器位置(基本按电路图排列次序,但也要考虑到读数和操作方便).

2. 连线.

要在理解电路的基础上连线.例如,先找出主回路,由最靠近电源开关的一端开始连线(开关都要断开),然后再连支路.一般在电源正极、高电位处用红色或浅色导线连接,电源负极、低电位处用黑色或深色导线连接.

3. 检查.

接好电路后,先复查电路连接是否正确,再检查其他要求是否都满足,例如开关是否打开,电表和电源正、负极是否接错,量程是否正确,电阻箱的阻值是否正确,变阻器的滑动头(或电阻箱各挡旋钮)位置是否正确等.直到一切都做好,请教师检查,才能接上电源.

4. 通电.

在闭合开关通电时,要首先想好通电瞬间各仪表的正常反应是怎样的(例如电表指零还是应显示什么数值).闭合开关时要密切注意仪表反应是否正常,并随时准备不正常时断开开关.实验过程中需要暂停时,应及时断开开关.若需要更换电路,应将电路中各个仪器放到安全位置,然后断开开关,关闭电源,再改换电路,经教师重新检查后才可接通电源继续作实验.

5. 实验.

细心操作,认真观察,及时记录原始实验数据,原始数据须经教师过目并签字.原始实验数据一律要附在实验报告后一齐交上.

6. 安全.

实验时一定要爱护仪器和注意安全.在教师未讲解,未弄清注意事项和操作方法之前不要乱动仪器.不管电路中有无高压,要养成避免用手或身体其他部位接触电路中导体的习惯.

7. 归整.

实验做完,应将电路中的仪器放到安全位置,断开开关,经教师检查原始实验数据后再拆线.拆线时应先拆去电源,然后将所有仪器放回原处,再离开实验室.

实验十二　制流和分压电路

【目的要求】

1. 学习使用变阻器组成制流、分压电路,了解两种电路的特点;
2. 测量不同负载电阻对分压电路分压比的影响,了解如何根据电路调控要求选择变阻器.

【仪器用具】

直流稳压电源,变阻器两个(全电阻值分别为 100 Ω 和 1000 Ω),电阻箱一个,多圈电位器一个(1000 Ω,带有电阻比显示),数字万用电表两块,导线开关等.

【实验原理】

常用的可变电阻除电阻箱外,另一类是变阻器.变阻器不提供准确的阻值,但是其阻值可以连续变化,而且一般额定电流较大,因此在电路里常用于构成控制电路.常用的变阻器有两种:电位器和滑线变阻器.两者的结构、规格和使用方法类似.电位器的体积要小得多,因而在实际工作中使用十分普遍;而在实验中,当电路需要通过较大电流时,常用到滑线变阻器.本实验将介绍变阻器的使用方法以及由变阻器组成的两种基本电路.

1. 变阻器

(1) 滑线变阻器.

滑线变阻器的结构和常用电路符号如图 12-1 所示.涂有绝缘物的电阻丝密绕在绝缘瓷管上,各圈电阻丝之间相互绝缘.电阻丝的两端与固定接线柱 A,B 相连,A,B 之间的电阻为总电阻.接头 C 可以在电阻丝 AB 之间滑动,接头与电阻丝接触处的绝缘物被磨掉,使接头与电阻丝接通,即接头 C 通过金属棒与接线柱 C' 相连.改变接头 C 的位置,就改变了 AC 或 BC 之间的电阻值.

滑线变阻器的主要规格包括以下两项:

① 全电阻,即 AB 间的全部电阻值,记做 R_0;
② 额定电流,即滑线变阻器允许通过的最大电流.

(2) 多圈电位器.

电位器一般标识额定功率,而不是额定电流,常用种类有碳膜电位器和线绕电位器.线绕电位器中又分为单圈电位器和多圈电位器.

多圈电位器的滑动端从变阻器的一个固定端调节到另一个固定端(如图 12-1 中的 A 端到 B 端),其转动轴要旋转多圈(3~10 圈),因此多圈电位器能进行细微调节.配合带有显示表盘的旋钮,多圈电位器能够提供准确的电阻比

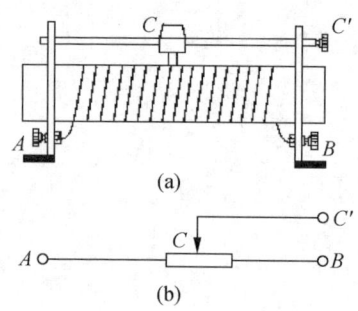

图 12-1　滑线变阻器的结构示意图(a)
　　　　和常用电路符号(b)

$$K(x) = R_{AC}/R_{AB} = R(x)/R_0,$$

其中 x 为从接头 C 到接线端 A 的几何长度与全长 $\overline{AB}$ 的比值，$R(x)$ 为相应电阻值. 显示表盘采用类似钟表时针和分针的双针结构. 例如，当长针指示"0"，短针指示"1"时，表示

$$K(x) = R(x)/R_0 = 1/10 = 0.1.$$

多圈电位器可对电阻数值作精细调节，电阻比显示直观，但成本较高，一般用于精密微调电路. 使用时应注意保护，避免过大电流通过.

变阻器的最大用处是控制和调节电路中的电流、电压，常用的变阻器控制电路是制流电路和分压电路.

2. 制流电路

制流电路如图 12-2 所示. 在滑线变阻器的两个固定接线柱 A,B 中只使用一个，另一个悬空不用. 当滑动接头 C 时，AC 间的电阻改变，从而改变了回路总电阻，也就改变了回路的电流(在电源、电压均不变的情况下)，因此变阻器起到了限制(调节)线路电流的作用.

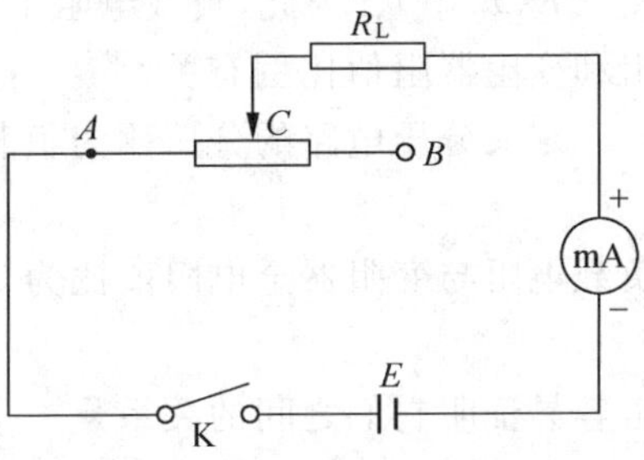

制流电路中的电流为

$$I = \frac{E}{R_{AC} + R_L}. \quad (12.1)$$

当接头 C 滑动到 A 端时，$R_{AC} = 0$，相当于负载电阻 R_L 直接和电源连接，回路电流最大，即

$$I_{\max} = \frac{E}{R_L}; \quad (12.2)$$

图 12-2 制流电路

当接头 C 滑动到 B 端时，$R_{AC} = R_{AB} = R_0$，回路电流最小，即

$$I_{\min} = \frac{E}{R_0 + R_L}. \quad (12.3)$$

制流电路不可能调节变阻器使回路电流为零，只能使电流在某一范围内变化. 电流的调节范围为

$$\Delta I = I_{\max} - I_{\min} = \frac{E}{R_L} - \frac{E}{R_0 + R_L}. \quad (12.4)$$

显然，调节范围 ΔI 与变阻器阻值 R_0 有关. R_0 越大，ΔI 越大.

使用时为了保证电路安全，在接通电源前必须先将 C 滑至 B 端，使 R_{AC} 为最大值，电路电流最小；然后逐步减小 R_{AC} 值，使电流增至所需要的数值.

3. 分压电路

分压电路在实验工作中的应用十分广泛，如图 12-3 所示. 变阻器的两个固定端 A,B 分别与开关 K 的两接线柱相连，滑动接头 C 和变阻器的一个固定端 A 与负载电阻 R_L 相连. 接通电源后，变阻器 AB 两端的电压 U_{AB} 等于电源电压 E，输出电压 U_{AC} 是 U_{AB} 的一部分，随着接头 C 的位置改变，U_{AC} 也随之变化. 当接头 C 滑动至 A 端时，输出电压为 $U_{AC} = 0$；当接头 C 滑动至 B 端时，输出电压最大，即电源电压 E，$U_{AC} = U_{AB} = E$.

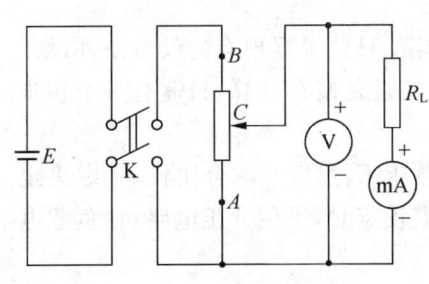

图 12-3 分压电路

通过分压电路将一个固定电压变为由零到电源电

压 E 之间变化的电压,以满足实验要求,这是分压电路的重要特点.

为了保证安全,接通电源前,一般应先使输出电压 U_{AC} 为零,然后逐步增大,直至满足测量需要.

4. 分压电路的分压比和负载电阻的关系

使用分压电路时,总希望随着变阻器阻值的均匀调节,负载电阻上的电压 U_L 均匀变化.但有时会出现下列情况:随着变阻器的调节,U_L 变化不大或变化太快,这两种情况都称做分压不均匀,会影响电路的细调程度,不利于作实验.

在不接入负载电阻(也称做空载)时,分压电路的分压值(即 U_{AC}/E)仅取决于变阻器的电阻比 $K(x)$,分压均匀. 接入负载电阻 R_L 后,AC 两端电阻不仅取决于变阻器,还与负载电阻 R_L 的大小有关. 分压电路可以看做是负载电阻 R_L 与变阻器的部分电阻 $R(x)$ 并联,然后再与 $R_0-R(x)$ 串联. 因此,负载电阻上的电压 $U_L(x)$ 调节是否均匀不仅取决于 $K(x)$,还与负载电阻和变阻器阻值比例有关.

定义分压电路的分压比为负载电阻上的电压 $U_L(x)$ 与电源电压 E 之比为

$$Y = U_L(x)/E,$$

负载电阻与变阻器全电阻值比为

$$\beta = R_L/R_0.$$

很容易证明它们之间的关系是

$$Y = \frac{U_L(x)}{E} = \frac{K(x)\beta}{K(x)[1-K(x)]+\beta}. \tag{12.5}$$

由上式看出,带负载电阻的分压电路的分压比 Y 与变阻器的电阻比 $K(x)$ 以及负载电阻和变阻器全电阻值之比 β 密切相关. 图 12-4 画出在三种不同 β 值情况下分压比 Y 与变阻器的电阻比 $K(x)$ 的关系曲线. 由图可见,当 $\beta=0.1$ 时,调节很不均匀:在 $K(x)$ 较小时,曲线较平,即电压 $U_L(x)$ 增长缓慢,可以调节得很细;但是在 $K(x)$ 较大时,曲线很陡,使得 $U_L(x)$ 调节困难. 当 $\beta=10$ 时,图形基本是直线,说明这种情况下的调节比较均匀. 当 $\beta=2$ 时,图形已经很接近于直线,因此只要 $R_L \geqslant 2R_0$,调节就已经比较均匀了.

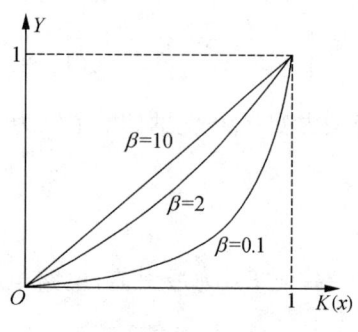

图 12-4 分压电路(带负载电阻)中 Y 与 β 和 $K(x)$ 的关系

看起来,R_0 越小,分压越均匀,但是对于一定的 R_L 和 E,R_0 越小,流经变阻器的电流越大,即电源消耗的功率越大,这显然不经济. 因此在选择变阻器时,需要权衡考虑.

5. 如何选用变阻器电路

在安排变阻器电路时,一般并不要求设计出一个最佳方案. 只要根据现有的设备条件设计出能满足实验要求、安全、省电的电路就可以了. 设计时不一定进行复杂计算,只需有一个初步设想,可以边实验边改进.

(1) 根据负载电阻 R_L 和要求调节的范围,先确定电源电压 E,然后经综合比较,考虑决定采用制流电路还是分压电路. 一般在负载电阻较大、调节范围较宽时,采用分压电路;在负载电阻较小、调节范围不大时,采用制流电路.

(2) 如果采用制流电路,可根据相关公式计算变阻器阻值 R_0;如果采用分压电路,可根据 $R_L \gg R_0$,且兼顾省电的原则,适当选取 R_0.

(3) 可以先连接电路作实验,观察在调节范围内细调是否满足要求.如果精细程度不够,可以再加接一个变阻器用做细调.

这里介绍几种实用的控制电路.

(1) 由两个变阻器组成的制流细调电路和分压细调电路分别如图 12-5(a)和(b)所示.为了改善控制电路的细调程度,可以在电路中再接入一较小变阻器 R_2,以满足细调要求.变阻器 R_2 的阻值可选择为 $R_1/10\sim R_1/5$.

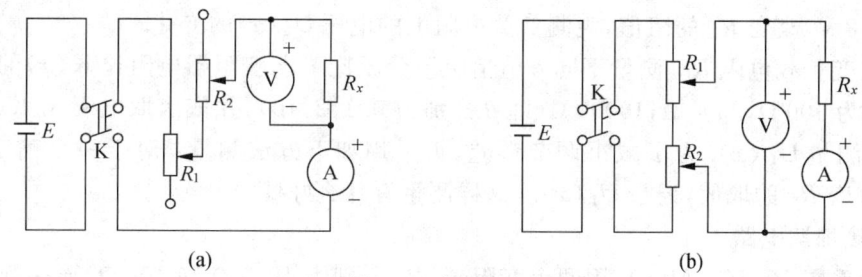

图 12-5 细调电路
(a) 制流细调电路;(b) 分压细调电路

(2) 带有限流电阻的制流电路.为了避免由于变阻器调到零时引起电路电流陡增而超过负载的允许值,常在电路中再串联一个阻值合适的定值电阻(称做限流电阻)以起到限流保护的作用.

(3) 由定值电阻组成的固定分压比的分压电路.分压电路的核心是将一个固定电压通过电阻进行分压,得到所需要的电压数值.并非只有变阻器才能构成分压电路,用定值电阻同样也可以构成分压器,不同的是,后者电路的分压比为固定数值.这种固定分压比的分压电路在实际工作中的使用十分普遍.

【实验内容】

1. 学习使用变阻器.

(1) 用数字式万用电表测量变阻器的阻值变化.选择数字万用电表合适的电阻量程,先将两个表笔分别接到变阻器的两个固定端,测量变阻器的全电阻值;再将表笔分别接到滑动端和一个固定端,调节滑动头,观察阻值变化.

(2) 连接制流电路(见图 12-2).电源电压为 $E=1.5$ V.选用全电阻值为 $R_0=1000$ Ω 的变阻器,用电阻箱作为负载电阻 $R_L(R_L=100$ Ω);选用数字万用电表直流电流 20 mA 量程,注意将红表笔插到 A 插孔.按照电磁学实验操作规程的要求,认真检查电路,在闭合开关之前应检查变阻器的滑动接头是否在安全位置.

改变滑动接头的位置,观察电路电流变化,并记录最大电流和最小电流.

(3) 选用 $R_0=100$ Ω 的变阻器连接制流电路,观察电路的最大、最小电流是否有变化.

2. 连接分压电路.

(1) 参看图 12-3,连接分压电路.电源电压为 $E=1.5$ V,选用 $R_0=100$ Ω 的变阻器,用电阻箱作为负载电阻 $R_L(R_L=1000$ Ω).注意按照电磁学实验操作规程的要求连线,并认真检查电路,在闭合开关之前应检查变阻器的滑动接头是否在安全位置.

(2) 改变滑动接头的位置,观察负载电阻上电压、电流的变化,记录最大电压和最小电压.

3. 测量不同负载电阻的分压比 Y 与变阻器电阻比 $K(x)$ 的关系曲线.

选用 $R_0=1000$ Ω 的多圈电位器作分压器.

(1) 检测多圈电位器的电阻比 $K(x)$ 调节是否线性. 先使用数字万用电表测量多圈电位器的全电阻值 R_0, 再调节旋钮改变电位器的阻值, 记录表盘刻度 $K(x)$ 为整数值时的阻值 $R(x)$.

(2) 测量空载时的分压调节是否线性. 参看图 12-3, 连接分压电路. 电源电压为 $E=1.5\mathrm{V}$, 在不接负载电阻时测量分压器的输出电压.(数字式万用电表应选用什么量程?)

(3) 定性观察改变负载电阻(即 β 值不同)对分压比的影响. 采用全阻值为 $R_0=1000\,\Omega$ 的变阻器, 以电阻箱作为负载电阻 R_L 接入电路, 先取 $R_\mathrm{L}=100\,\Omega$. 调节分压器的输出电压为 $U_\mathrm{L}(x)=0.8\,\mathrm{V}$, 改变 R_L 的阻值, 观测负载电阻上的电压 $U_\mathrm{L}(x)$ 的变化.

(4) 改变负载电阻 R_L, 测量不同 β 值情况下分压比 Y 与变阻器电阻比 $K(x)$ 的关系曲线. 取 R_L 分别为 $100\,\Omega, 2000\,\Omega, 10000\,\Omega$(即 β 分别为 $0.1, 2, 10$), 并依次取电阻比 $K(x)$ 为 0.1, $0.2, \cdots, 1$, 测量 $U_\mathrm{L}(x)$. 为了减小调节误差, 可采用如下方法测量:对于一个确定的电阻比 $K(x)$ 值, 改变 R_L 的取值, 记录 $U_\mathrm{L}(x)$.(这样测量有什么好处?)

*4. 连接细调电路

(1) 参看图 12-5(a)和(b), 用两个变阻器(R_0 分别为 $1000\,\Omega$ 和 $100\,\Omega$)连接细调电路, 观察电路的细调程度是否得到改善.

(2) 用两个变阻器还可以组成分压-制流混合电路或二级分压电路, 在工作中也经常使用. 设计并连接电路, 观察电路的细调程度和特点.

5. 数据处理

(1) 记录实验仪器的主要规格和误差.

(2) 整理制流电路的实验数据, 说明电路特点以及电流的调节范围与什么因素有关.

(3) 整理分压电路的实验数据, 说明电路特点.

(4) 作多圈电位器的 $R(x)$-$K(x)$ 关系曲线, 说明对多圈电位器的电阻比 $K(x)$ 的调节是否成线性变化.

(5) 作带有负载电阻的分压电路分压比 Y-$K(x)$ 关系曲线. 将对应三种 β 值的曲线作在同一张图上, 说明 Y 与 $K(x)$ 和 β 值的关系, 由此体会对于某一个确定阻值应如何选取分压器的全电阻值 R_0.

【思考题】

1. 在连接分压电路时, 有人将电源的正、负极经过开关分别连到变阻器的一个固定端和滑动端. 这种连接方法对吗? 会有什么问题?

2. 有一分压电路如图 12-3 所示, 负载电阻为 $R_\mathrm{L}=5.1\,\mathrm{k\Omega}$, 电压表内阻为 $R_\mathrm{V}=10\,\mathrm{k\Omega}$, 变阻器的阻值为 R_0.

(1) 若希望分压均匀, 应选用哪种规格的变阻器?

(a) $5\,\Omega, 1\,\mathrm{A}$; (b) $100\,\Omega, 0.5\,\mathrm{A}$; (c) $1000\,\Omega, 0.2\,\mathrm{A}$.

(2) 当滑动接头分别滑到 A, B 端时, 电压表示数为多少?

(3) 设电源电压恒定, 变阻器按(1)作了正确选择, 但是 B 端到电源负极之间的导线断了. 当滑动头滑到 B 端时, 电压表示数为多少?

3. 设计固定分压比的分压电路, 电源电压为 $1\,\mathrm{V}$, $R_\mathrm{L}=1000\,\Omega$, 要求分压比为 $Y=0.1$. 如果要求分压比为 $Y=0.001$, 电路应如何调整.

实验十三　测定直流电源的参数并研究其输出特性

【目的要求】

1. 用伏安法测量干电池的输出电压(即路端电压)随电流变化的规律,并测定电池的电动势和内电阻;
2. 测量电池的负载功率特性;
3. 学习用作图法处理实验数据.

【仪器用具】

1号干电池一节,数字万用电表两块,电阻箱,定值电阻,开关、导线等.

【实验原理】

干电池是日常生活中使用十分普遍的直流电源,它属于化学电池,有很多种类和规格.干电池的输出特性通常用两种方法来描述:一种是测量输出电压 U 和输出电流 I 的变化规律,由此可测定干电池的主要参数——电动势 E 和内电阻 r;另一种是测量电池的负载功率特性.

1. 用伏安法测量干电池的 $U\text{-}I$ 特性,并测定电动势 E 和内电阻 r

将一节干电池和一个负载电阻 R_L 连成闭合回路,如图 13-1 所示.干电池的电动势为 E,内阻为 r,电路电流为 I,电池的路端电压为 U,根据欧姆定律有,

$$E=I(R_L+r)=U+Ir,$$

因此

$$U=E-Ir. \qquad (13.1)$$

由式(13.1)可知,当 $I=0$ 时,$U=E$.这表示干电池的外电路断路时,路端电压 U 等于电池电动势 E,也称做开路电压 U_{oc}.当 $R_L=0$,$U=0$ 时,$I=E/r=I_{sc}$(I_{sc} 称做短路电流).因此,当干电池的外电路短路时,电流不是无穷大,即 $I=I_{sc}$.

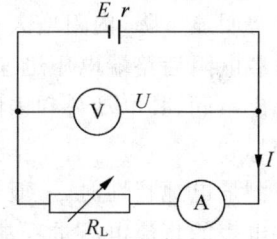

图 13-1　测量干电池电动势和内阻的电路

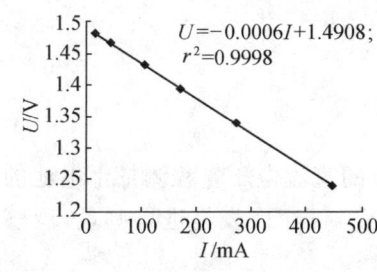

图 13-2　干电池的 $U\text{-}I$ 曲线

改变图 13-1 中的电阻 R_L,可测得若干组 U 和 I 的数值,作 $U\text{-}I$ 曲线,如图 13-2 所示.由图 13-2 可知,$U\text{-}I$ 图线的斜率为负值,即随着负载电阻 R_L 变小,电流 I 变大,路端电压 U 变小.对 $U\text{-}I$ 图线作直线拟合,由其斜率的绝对值即得到电池内阻 r.将图线延长与纵轴相交,交点对应于 $I=0$,$U=E$,即 $U\text{-}I$ 图线在纵轴上的截距等于电池电动势 E.将图线延长与横轴相交,交点对应于 $R_L=0$,$U=0$,即图线在横轴上的截距为 I_{sc}.

2. 测量干电池的负载电阻功率随负载变化的规律

在使用干电池时，干电池的输出功率特性十分重要，它反映了电池对外做功的本领，也决定了负载电阻 R_L 能够得到的功率. 电池的输出功率为路端电压 U 和电路电流 I 的乘积. 改变负载电阻 R_L 时，输出功率也随之变化. 当负载电阻和 R_L 干电池的内阻 r 相等时，负载获得的功率最大. 测量干电池输出功率特性的实验电路如图 13-3 所示.

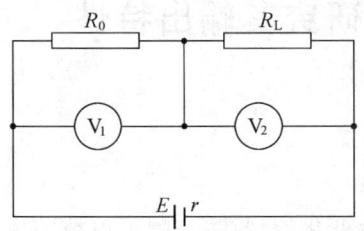

图 13-3 测量干电池输出特性的电路

用电阻箱作为负载电阻 R_L. 为了避免因输出电流太大而损害干电池，在电路中串入一定值电阻 R_0，其阻值约为 5 Ω. 为了避免电流表内阻的影响，电路中没有接电流表，而是用两块数字万用电表分别测量 R_L 上的电压 U_L 和 R_0 上的电压 U_0，经计算得到电流 I，再由 U_L 和 I 的计算即可得到负载电阻 R_L 消耗的功率 P_L.

图 13-3 中电路的全电阻为 $r+R_0+R_L$，此时电源的等效内阻为 $r+R_0$. 改变负载电阻 R_L 的取值，作负载电阻的功率曲线，即 P_L-R_L 曲线（或 P_L-I 曲线），可以观察到 P_L 先增大后减小的规律. 在 $R_L = r+R_0$ 时，负载功率 P_L 将达到极大值.

不同类型的干电池的电池电动势 E 和内阻 r 不同，用途也不相同. 例如，1 号干电池的内阻较小，负载功率较大，常用做手电筒的电源；9 V 积层电池的内阻较大，一般用做电子电路的电源（例如数字万用电表的电源），不能用做点亮小灯泡的电源.

同一节干电池的电动势 E 和内阻 r 在使用过程中也会有变化. 通电时间较长或负载电流较大，都会引起 E 和 r 的变化. 一般情况下，切断电池回路，电池会慢慢恢复. 但是如果通电时间过长或负载电流过大，都会对干电池造成损坏，使其无法恢复. 一般长时间使用后的旧电池的电动势明显下降，内阻增大；也有些干电池的电动势没有明显下降，但是由于其内阻加大，在接入负载电阻后路端电压迅速下降，即干电池不能提供输出功率. 因此，同样型号的干电池的新旧程度不同，其电动势和内阻会有差异. 使用时，应注意控制负载电流不要太大，以免对电池造成损坏.

在测量电池特性时，一般不能使用磁电式电压表直接测量干电池的电动势 E，但是使用数字万用电表的直流电压量程却可以直接测量，这是因为后者的内阻较大（一般大于 10 MΩ）.

由于干电池的内阻一般较小，测量伏安特性时，应注意电表的接法. 有关伏安法测量电表的接法，请参看实验十六.

为了减小接触电阻对测量值的影响，要注意电路中各元件接触良好，例如应注意检查电池两极与导线、开关两端与导线、开关内部是否接触良好等.

【实验内容】

1. 测量干电池的电动势 E.

取一节新的 1 号干电池，在空载情况下，用数字万用电表的直流电压量程测量干电池的电动势 E. 先用电表的红、黑表笔分别直接接触干电池的正、负极，再交换表笔进行测量，观察并记录两次测量的表示值和正、负号.

2. 测量干电池的 U-I 曲线.

（1）连接电路如图 13-1 所示. 用电阻箱作为电路中的负载电阻 R_L，并用两块数字万用电表分别测量干电池的路端电压 U 和电路电流 I.

（2）观察带负载电阻 R_L 的干电池的路端电压 U 随负载电阻 R_L 的变化. 先取 $R_L=100\ \Omega$，接通电路，再逐步减小 R_L，直到为 $10\ \Omega$，观察 U 和 I 的变化规律.

（3）测量干电池的 U-I 曲线. 调节电阻 R_L，测量并记录 I,U 值. 电阻箱的阻值先取为 $100\ \Omega$，取 $5\sim 7$ 组 I,U 值. 注意，应使电流变化值为 $0.2\ A$ 左右. 在干电池放电时，内部的化学反应会使电动势 E 和内电阻 r 都发生变化，因此测量每一组数据的通电时间要尽量短（特别是大电流放电时）. 每测一组数据后要断电，让电池得到恢复.

3. 测量干电池的负载电阻功率 R_L 随负载变化的规律.

连接电路如图 13-3 所示. 用电阻箱作为负载电阻 R_L，定值电阻为 $R_0\approx 5\ \Omega$. 接通电路，调节电阻箱 R_L，取十几个不同的阻值：R_L 的取值可由 $r+R_0$ 的 $3\sim 4$ 倍逐渐减小到 $r+R_0$ 的 $1/2$ 或更小，其中大于 $r+R_0$ 和小于 $r+R_0$ 的约各占一半，最好有一个 R_L 值近似等于 $r+R_0$. 记录有关数据，作 P_L-R_L 曲线. 为了将 R_L 最大值附近的图线（即曲线的凹、凸点和拐点）画得准确些，应该在哪个区域内多测几组数据？

4. 数据处理.

（1）根据实验数据作干电池的 U-I 图，由此，并对 U-I 曲线作线性拟合，由直线斜率求出干电池的内阻 r，由纵轴的截距得到电动势 E.

为了由图线求出电池的电动势 E，横坐标是否要以零为起点？为了充分利用图纸，应当怎样选取纵坐标的起点？

（2）根据实验数据作 P_L-R_L 曲线，并分析其规律.

【思考题】

1. 为什么不可以用欧姆表测量电池的内电阻？

2. 在进行伏安法测量时，电流表内接和电流表外接这两种接法都会给测量带来影响，如果在如图 13-1 所示的电路中采用电流表外接，对测量的影响会怎样？

实验十四 磁电式直流电表的改装

【目的要求】

1. 了解磁电式直流电表的基本结构和使用方法;
2. 学习扩大电表量程的方法,了解多用表的改装原理;
3. 学习电表的校准方法.

【仪器用具】

待改装的磁电式电表的表头,数字万用电表(用做标准表),电阻箱,变阻器(或电位器),直流稳压电源、开关等.

【实验原理】

1. 磁电式直流电表

(1) 磁电式直流电表的表头结构.

磁电式直流电表(也称指针偏转式直流电表)的表头结构如图 14-1 所示.永久磁铁的两极连着带圆筒孔腔的极掌.极掌之间装有圆柱形软铁芯,其作用是使极掌和铁芯间的空隙中磁场较强,且使磁力线以圆柱的轴为中心呈均匀辐射状.在圆柱形软铁芯上支撑有一个可在铁芯和极掌间的空隙处运动的矩形线圈,其上固定一根指针或光指针.当有电流流通时,线圈受电磁力矩作用而偏转,直到跟游丝的反扭力矩平衡而静止不动.线圈偏转角的大小与所通过的电流成正比.电流方向不同,偏转方向也不同.

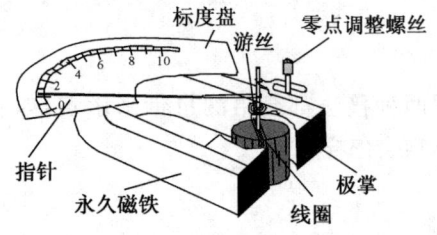

图 14-1 磁电式直流电表的表头
结构示意图

(2) 直流电压表和直流电流表.

磁电式直流电表的表头经过改装扩程,可以组成直流电压表和直流电流表,其主要规格如下:

① 量程.改装后的电表常有多个量程,使用时读数共用一个刻度.例如,一个电压表的量程为 0—2.5 V—10 V—25 V.

② 内阻.即电表两端的电阻.同一电压表的不同量程所对应的内阻不同,例如,在量程为 0—2.5 V—10 V—25 V 的电压表中,各量程的内阻分别为 2.5 kΩ,10 kΩ 和 25 kΩ.电流表每个量程的内阻都不同,安培表、毫安表的内阻较小,但微安计的内阻可以达到 1~2 kΩ.

③ 电表级别.电表的准确度等级是用电表基本误差的百分数值表示的.例如,一块电压表为 0.5 级,表示该电表使用时的基本误差为 ±0.5%.如果知道电表的准确度等级 α 及电表的量程 X_m,可以求出电表的最大允许误差.用极限误差 e 表示为

$$e = \alpha\% X_m.$$

电表的标度尺上所有分度线的基本误差都不超过 e.

(3) 磁电式直流电表的使用方法及注意事项.

① 量程的选择. 在使用电表时,根据电表的准确度等级可求出测量值 X 的可能最大相对误差为

$$\frac{e}{X} = \frac{\alpha\% \, X_m}{X}.$$

由上式看出测量值 X 愈接近电表的量程 X_m,测量误差就愈接近电表准确度等级的百分数 $\alpha\%$. 当测量值 X 比选用的电表量程小得多时,测量误差将会很大. 因此应根据待测电流或电压的大小,选择合适的量程. 量程太小,会损坏电表;量程太大,会加大读数误差. 一般选择测量值 X 为所选量程的 2/3,这时电表可能出现的最大相对误差为

$$\alpha\% \frac{X_m}{2X_m/3} = 1.5\alpha\%,$$

即测量误差不会超过准确度等级百分数的 1.5 倍.

使用时,应事先估计待测量的大小,选择稍大的量程,试测之后再作调整. 如果不知道待测量的大小,应选择最大量程开始试测.

② 电表连接. 对于磁电式电表,接线时必须注意电表的正、负极性,不得接错. 另外,电表的接法也不要搞错:在使用电压表时应并联,在使用电流表时应串联.

③ 视差. 为了减少视差,应垂直于刻度表面读数. 有镜尺的电表,当其指针与在镜中的像重合时对准的刻度才是电表的准确读数.

④ 调零. 在磁电式电表外壳上有零点调节螺丝,通电前应检查并调节指针归零.

⑤ 磁电式电表表盘的左、右下方通常有表明电表基本结构、级别、安放方式、使用条件等的多种符号,使用前应了解清楚,以避免由于正常工作条件得不到满足而引起电表指示值的附加误差.

2. 测量微安表的内阻

测量微安表内阻的常用方法有两种:半偏分流法和替代法.

半偏分流法的电路如图 14-2 所示. 先断开开关 K_2,接通开关 K_1,并调节电位器 R_1 使微安表达到满量程(或某个较大的数值);再接通开关 K_2,使电阻箱 R_0 与微安表并联,并调节电阻箱阻值,直到微安表的示值为满量程的 1/2,如果电路中的电阻满足 $R_1 + R_2 \gg R_g$(微安表的内阻),则可以认为这时电路电流 I 与接通开关 K_2 之前近似相等,则有 $R_0 = R_g$.

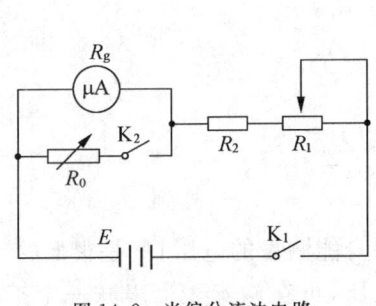

图 14-2 半偏分流法电路

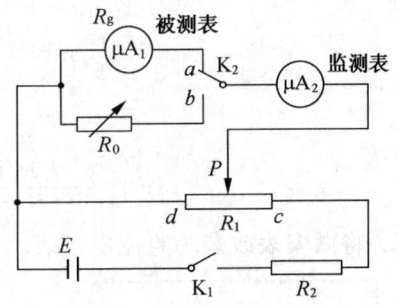

图 14-3 替代法电路

替代法的电路如图 14-3 所示. 先将开关 K_2 接到 a 点,再接通开关 K_1,调节分压器 R_1,在

被测表不超过满量程的条件下,使监测表达到某个较大的示值 I,然后保持分压器的输出电压不变,将 K_2 改接到开关 b 点,以电阻箱代替被测表,并调节 R_0,使监测表示值仍为 I. 此时的 R_0 就是被测表的内阻 R_g.

3. 磁电式直流电表的改装

微安表(即被改装的表头)一般只能测量很小的电流和电压. 如果要用它来测量较大的电流或电压,就必须进行改装,扩大其量程.

(1) 将微安表扩程改装为直流电流表.

微安表的指针偏转到满度时所需要的电流 I_g 称为表头量程. 满度电流 I_g 越小,表头灵敏度越高. 表头线圈的电阻 R_g 称为表头内阻. 表头能通过的电流很小,要将它改装成能测量大电流的电表,必须扩大它的量程,方法是在表头两端并联一个分流电阻 R_p,如图 14-4(a)所示. 这样就能使表头不能承受的那部分电流流经分流电阻 R_p,而表头电流 I_g 仍在原来许可范围之内.

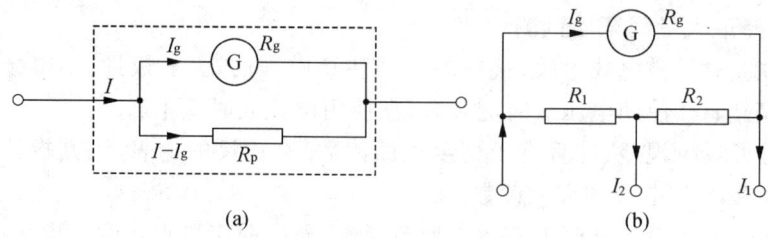

图 14-4 改装直流电流表的原理图
(a) 单量程电流表;(b) 双量程电流表

设微安表改装后的量程为 I,由欧姆定律得

$$(I-I_g)R_p = I_g R_g,$$

即

$$R_p = \frac{I_g R_g}{I - I_g} = \frac{R_g}{\frac{I}{I_g} - 1}. \tag{14.1}$$

在微安表上并联不同阻值的分流电阻,便可制成多量程的安培表,如图 14-4(b)所示. 同理可得

$$\begin{cases} (I_1 - I_g)(R_1 + R_2) = I_g R_g, \\ (I_2 - I_g) R_1 = I_g (R_g + R_g), \end{cases}$$

则

$$R_1 = \frac{I_g R_g I_1}{I_2(I_1 - I_g)}, \quad R_2 = \frac{I_g R_g (I_2 - I_1)}{I_2(I_1 - I_g)}.$$

(2) 将微安表改装为直流电压表.

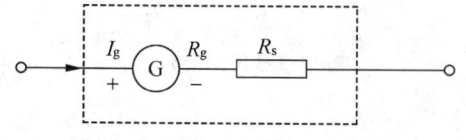

图 14-5 改装直流电压表的原理图

微安表本身能测量的电压 U_g 是很低的. 为了能测量较高的电压,可在微安表上串联一个扩程电阻 R_s,如图 14-5 所示. 这时微安表不能承受的那部分电压将降落在扩程电阻 R_s 上,而微安表上仍降落原来的电压值 U_g.

设微安表的量程为 I_g，内阻为 R_g，改装成电压表的量程为 U，则由欧姆定律得到
$$I_g(R_g+R_s)=U,$$
即
$$R_s=\frac{U}{I_g}-R_g=\left(\frac{U}{U_g}-1\right)R_g. \tag{14.2}$$

在微安表上串联不同阻值的扩程电阻，便可制成多量程的电压表，如图 14-6 所示. 同理可得

$$I_g(R_g+R_1)=U_1,$$
即
$$R_1=\frac{U_1}{I_g}-R_g,$$
和

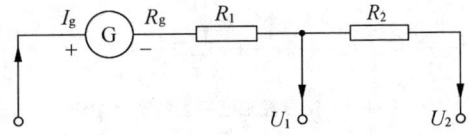

图 14-6　双量程直流电压表原理图

$$I_g(R_g+R_1+R_2)=U_2,$$
即
$$R_2=\frac{U_2}{I_g}-R_g-R_1.$$

（3）电表的校准.

电表扩程后，要经过校准方可使用. 方法是将改装表与一块标准表进行比较，当两表通过相同的电流（或电压）时，若待校表的读数为 I_x，标准表的读数为 I_0，则该刻度的修正值为
$$\Delta I_x=I_0-I_x.$$

将该量程中的各个刻度都校准一遍，可得到一组 I_x，ΔI_x（或 U_x，ΔU_x）值. 将相邻两点用直线连接，整个图形呈折线状，即得到 ΔI_x-I_x（或 ΔU_x-U_x）曲线，称为校准曲线，如图 14-7 所示. 以后使用这块电表时，就可以根据校准曲线对各个读数进行校准，从而获得较高的准确度.

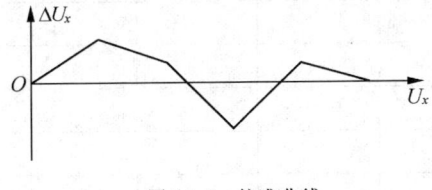

图 14-7　校准曲线

根据电表改装的量程和测量值的最大绝对误差，可以计算改装表的最大相对误差，即
$$最大相对误差=\frac{最大绝对误差}{量程}\times100\%\leqslant a\%,$$
其中 a 是电表的等级：
$$a=\pm0.1,\ \pm0.2,\ \pm0.5,\ \pm1.0,\ \pm1.5,\ \pm2.5,\ \pm5.0,$$
所以根据最大相对误差的大小就可以定出电表的等级.

例如校准某电压表，其量程为 $0\sim30\text{V}$，若该表在 12 V 处的误差最大，其值为 0.12 V，则该表的最大相对误差为
$$\frac{0.12}{30}\times100\%=0.4\%<0.5\%.$$

因为 $0.2<0.4<0.5$，故该表的等级为 0.5 级.

【实验内容】

1. 把量程为 $0\sim100\,\mu\text{A}$（内阻约为 $2\,\text{k}\Omega$）的表头改装为量程为 $0\sim1\,\text{mA}$ 的直流电流表.

(1) 测量微安表的内阻. 按照图 14-2 和图 14-3 连接电路, 分别用半偏法和替代法测量微安表的内阻 R_g.

(2) 将 R_g 代入式(14.1)计算分流电阻 R_p.

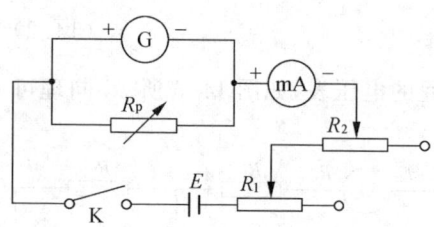

图 14-8 校准直流电流表的实验电路

(3) 对改装的电表进行校准. 按照图 14-8 连接电路, 图中 R_p 用电阻箱代替, 电源为 $E=1.5\text{ V}$, 用 R_1, R_2 分别作为粗调、细调的滑线变阻器(或电位器), 并以数字万用电表的 2 mA 直流电流量程作为标准表进行校准.

(4) 校准电表零点. 用表头零点调节螺丝, 将指针调到零.

(5) 校准满度. 合上开关 K, 调节变阻器 R_1 和 R_2, 使标准毫安表达到 1 mA, 并检查被改装的电流表是否也是 1 mA. 若后者没有达到 1 mA, 就要改变 R_p, 反复调节, 使被改装表头和标准表均达到 1 mA.

(6) 校准电表线性. 调节变阻器 R_1 和 R_2, 先使被改装电流表的电流等量减小 ΔI, 同时记下标准毫安表的示值, 直至 $I=0$; 再使被改装电流表的电流等量增加 ΔI, 同时记下标准毫安表的示值, 直至 $I=1$ mA. 将两次校准结果取平均. (想一想, 这样做有什么好处?)

实验数据记录如下所示:

待改装电表的编号为_____, 量程为 $I_g=$_____, 内阻为 $R_g=$_____, 扩大倍数为_____, $R_{p计算}=$_____, $R_{p实测}=$_____.

待改装电表的格数	0.0	2.0	4.0	6.0	8.0	10.0
待改装电表的示数 I_{x1}/mA	0.0					
标准表的示数 I_{01}/mA						
待改装电表的示数 I_{x2}/mA						
标准表的示数 I_{02}/mA						
待改装电表的示数 I_x/mA(平均)						
标准表的示数 I_0/mA(平均)						
$\Delta I_x = I_0 - I_x$/mA						

2. 把量程为 0~100 μA 的表头(内阻约为 2 kΩ)改装为量程为 0~1 V 的直流电压表.

将已知的微安表 R_g 代入式(14.2)计算扩程电阻 R_s. 按照图 14-9 连接校准电路, 图中 R_s 用电阻箱代替, 电源电压为 $E=1$ V. 注意考虑应选用哪一个变阻器(或电位器), 阻值大的还是阻值小的?

参考前述改装直流电流表的实验步骤, 对改装的直流电压表进行校准(以数字万用电表作为校准表), 作校准曲线, 并定出改装后电表的等级.

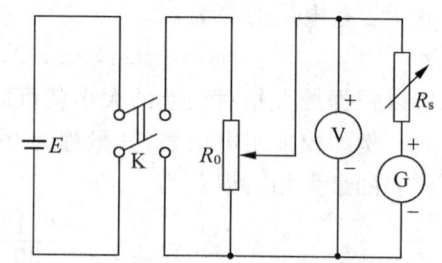

图 14-9 校准直流电压表的实验电路

*3. 组装多量程的直流电流表和直流电压表.

(1) 用上述微安表(0~100 μA)改装成 0—1 mA—10 mA 的直流电流表.

(2) 用上述微安表(0~100 μA)改装成 0—1 V—10 V 的直流电压表.

4. 数据处理.

(1) 作组装直流电流表的校准曲线,并定出改装后电表的等级;

(2) 作组装直流电压表的校准曲线,并定出改装后电表的等级.

【思 考 题】

1. 如果预先不知道表头内阻,能否在改装电压表的同时确定表头的内阻(电路如图14-5所示)?

2. 用半偏法测量电表内阻时,如果不满足 $R_1+R_2 \gg R_g$ 的条件,应如何测算 R_g?

3. 在被改装表的零点和满度校准好之后,在零点和满度之间的各刻度仍然不准. 试分析可能产生这一结果的原因.

【附 录】

1. 改装欧姆表

(1) 欧姆表的原理.

欧姆表的原理电路如图14-10所示,其中虚线框部分为欧姆表,a 和 b 为两接线柱(表笔插孔),测量时将待测电阻 R_x 接在 a 和 b 上. 在欧姆表中,E 为电源(干电池,内阻为 R_E),G 为表头(内阻为 R_g,满度电流为 I_g),R' 为限流电阻. 由欧姆定律可知,回路中的电流 I_x 由下式决定:

$$I_x = \frac{E}{(R_E+R_g+R')+R_x}. \tag{14.3}$$

可以看出,对一块给定的欧姆表(即给定 E, R_E, R_g, R'),I_x 仅由 R_x 决定,即 I_x 与 R_x 之间有一一对应的关系. 这样,在表头刻度上标出相应的 R_x 值,即成为一块欧姆表.

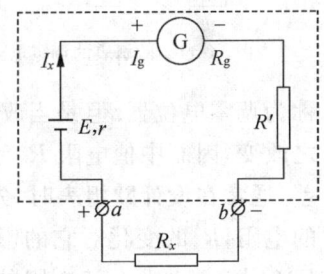

图 14-10 欧姆表的原理电路

由式(14.3)可以看出,当 $R_x=0$ 时,回路中的电流最大值为 $E/(R_E+R_g+R')$. 在设计欧姆表时,令表头的满度电流 I_g 等于此最大电流,即

$$I_g = \frac{E}{R_E+R_g+R'}. \tag{14.4}$$

习惯上,用 R_m 表示 R_E+R_g+R',称为欧姆表的中值电阻,即

$$R_m = R_E+R_g+R'.$$

式(14.4)和(14.3)改写为

$$I_g = \frac{E}{R_m}, \tag{14.5}$$

$$I_x = \frac{E}{R_m+R_x}. \tag{14.6}$$

由(14.6)式可以看出,欧姆表的刻度是不均匀(非线性)的,正中间的刻度即 R_m. 这是因为,当 $R_x=R_m$ 时指针偏转为满度的一半,即 $I_x=I_g/2$;当 $R_x \ll R_m$ 时,$I_x \approx E/R_m=I_g$,此时的偏转接近满度,随 R_x 的变化亦不明显,因而测量误差很大;当 $R_x \gg R_m$ 时,$I_x \approx 0$,因而测量误差也很大. 所以在实际操作中通常只用欧姆表中间的一段来测量(例如 $R_m/5 \sim 5R_m$). 实际上,欧姆表都有几个量程,每个量程的 R_m 不同,但每个量程的可用范围都是 $R_m/5 \sim 5R_m$. 如果 $R_m=$

100 Ω,则有效测量范围为 20~500 Ω;如果 $R_m=1000$ Ω,则有效测量范围为 200~5000 Ω.

(2) 调零电路.

上述欧姆表的刻度是根据电池的电动势 E 和内阻 R_E 不变的情况设计的.但是在实际使用时,电池的内阻会不断增加,电动势也逐渐减小,这时若将表笔短路,指针就不会指在满度(0 Ω)处.这一现象称为电阻挡的零点偏移,它给测量带来一定的系统误差.对此最简单的解决方法就是调节电路中的限流电阻 R',使指针满偏指在 0 Ω 处.但是这会改变欧姆表的内阻,使其偏离标度尺的中间刻度值,从而引起新的系统误差.

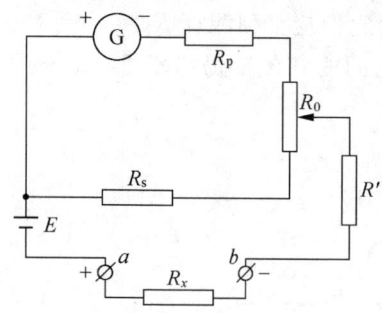

图 14-11 欧姆表的调零电路

较合理的电路是在表头回路里接入对零点偏移起补偿作用的电位器 R_0,如图 14-11 所示.电位器上的滑动接头把 R_0 分成两部分,其中一部分与表头串联,另一部分与表头并联.当电动势增加使电路中的总电流偏大时,可将滑动接头下移,以增加与表头串联的阻值,而减少与表头并联的阻值,使分流增加,减少流经表头的电流;而当实际的电动势低于标称值或内阻高于设计标准,使总电流偏小时,可将滑动接头上移,以增加表头电流.总之,调节电位器 R_0 的滑动接头,可以使表笔短路时流经表头的电流保持满电流.电位器 R_0 称为调零电位器.但是当改变调零电位器 R_0 的滑动接头时,整个表头回路的等效电阻 R'_g 会随之改变,因而中值电阻 $R_m = R_E + R'_g + R'$ 也会有变化.为了减小这个变化对测量结果带来的误差,通常在设计欧姆表时,先设计 $R \times 1$ kΩ 挡,这一挡的中值电阻为 $R_m \approx 10$ kΩ,是一个很大的电阻,R'_g 的变化对它的影响可以忽略不计.对于 $R \times 100$ Ω,$R \times 10$ Ω,$R \times 1$ Ω 各挡,则采用 $R \times 1$ kΩ 挡并联分流电阻的方法来实现.

2. 组装最简单的多用电表.

将最简单的电流表、电压表、欧姆表以适当的方式组装在一起,就成为一块最简单的多用电表(常称为万用电表),如图 14-12 所示.虚线框内为毫安表,以此为基础,串联电阻 R_2,即组成电压表,串联电阻 R_3,R_4 和电池 E,即组成欧姆表.此多用表有四个接线端:标有"*"的是公共端;a,b,c 分别是毫安、伏特、欧姆量程的接线端.

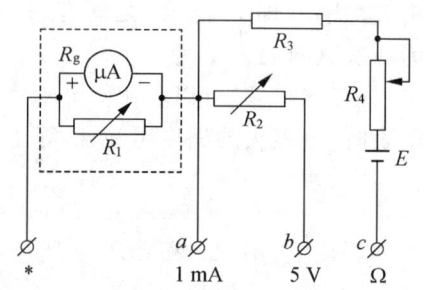

图 14-12 简单多用表的原理电路

请读者组装一块多用电表.先把微安表(0~100 μA)改装成 0~1 mA 的直流电流表,再在此基础上将它改装成 0~5 V 的直流电压表和中值电阻为 1.5 kΩ 的欧姆表.

实验十五 用量程为 200 mV 的直流数字电压表组装多量程的直流电压表和直流电流表

【实验目的】

1. 了解数字万用电表的组成原理;
2. 用量程为 200 mV 的直流数字电压表组装多量程的直流电压表和直流电流表.

【仪器用具】

数字万用电表(三位半、四位半的各一块),直流稳压电源,变阻器,电位器,电阻箱等.

【实验原理】

1. 数字万用电表的组成原理

数字万用电表功能强,量程多,它是在直流数字电压表的基础上配接各种变换器构成的.以直流电压表的最小量程为基础,通过电流-电压(I-U)转换器、电阻-电压(R-U)转换器、交流-直流($\tilde{U}$-U)转换器把被测量转换成直流电压信号,这样就组成了数字万用电表,原理方框图如图 15-1 所示.本实验仅介绍用数字万用电表的最小直流电压量程组装多量程的直流电压表和直流电流表.

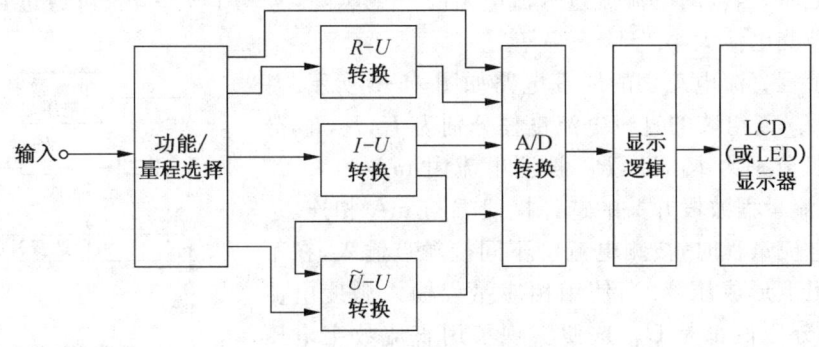

图 15-1 数字万用电表原理方框图

2. 直流电压量程

当选择开关拨到 DCV 时,数字万用电表就是一块多量程直流电压表.实验用三位半数字万用电表的直流电压量程分别是 200 mV,2 V,20 V,200 V 和 1000 V.以最小直流电压量程 200 mV(其内阻一般大于 10 MΩ)为基本量程,利用电阻分压即可将基本量程扩展为多量程直流电压表.

设基本量程的满度电压为 U_g,组装后电压量程的内阻为 R_g,需组装的直流电压量程分别为 U_1,U_2,由电阻组成分压电路,其阻值分别为 R_1,R_2,R_3.组装多量程数字直流电压表的原理电路如图 15-2 所示.

被测电压由 V 和 COM 端输入电表,其中 COM 为公共接线端,图 15-2 中画出了波段开

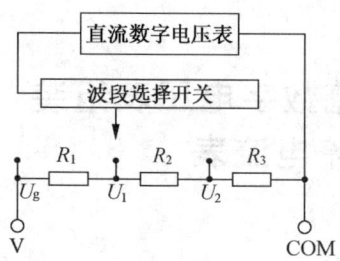

图 15-2　数字直流电压表的原理电路

关的选择接线端,与直流数字电压表相连.当调节波段开关时,直流数字电压表连在分压电路的不同接触点.当用相应量程输入满度电压时,各接点的分压值仍是 200 mV,这就实现了直流电压量程的扩程.在成品仪器中将小数点作相应调整,即得到不同量程的直流电压表(在本实验中不作这一步调整).需要注意的是,直流数字电压表的核心电路由集成运算放大器芯片组成,输入电流较小,其内阻一般大于 10 MΩ,而组装后各电压量程的内阻均为 $R_g = R_1 + R_2 + R_3$.

由图 15-2 可知,电路方程为

$$\begin{cases} R_1 + R_2 + R_3 = R_g, \\ \dfrac{U_g}{U_1} = \dfrac{R_2 + R_3}{R_g}, \\ \dfrac{U_g}{U_2} = \dfrac{R_3}{R_g}, \end{cases} \tag{15.1}$$

解得

$$R_1 = \left(1 - \dfrac{U_g}{U_1}\right)R_g, \quad R_2 = \left(\dfrac{U_g}{U_1} - \dfrac{U_g}{U_2}\right)R_g, \quad R_3 = \dfrac{U_g}{U_2}R_g. \tag{15.2}$$

3. 直流电流量程

当选择开关至 DCA 时,数字万用电表就是一个多量程直流电流表,其量程分别为 200 μA,2 mA,20 mA,200 mA,2 A 和 10 A,基本量程仍然是直流电压 200 mV 量程.由电阻组成并联分流电路,当被测电流流过分流电阻时产生压降,实现了 $I\text{-}U$ 转换;通过直流数字电压表即可显示被测电流大小.

组装多量程直流电流表的原理电路如图 15-3 所示.基本量程仍为 U_g,需组装的直流电流量程分别为 I_1, I_2, I_3,分流电路的电阻分别为 R_1, R_2, R_3.被测电流由 mA 和 COM 输入,直流电流量程波段开关的选择接线端与 mA 相连.选择不同直流电流量程时,被测电流由不同接触点输入,在不同的并联电阻上形成压降.当使用相应量程输入满度电流时,各接点的分压值都是 U_g,这便实现了用直流数字电压表测量直流电流.改装后的各直流电流量程的内阻不同.

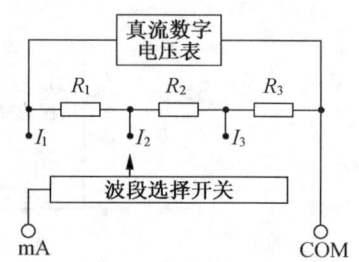

图 15-3　数字直流电流表的原理电路

由图 15-3 可知,电路方程为

$$\begin{cases} (R_1 + R_2 + R_3)I_1 = U_g, \\ (R_2 + R_3)I_2 = U_g, \\ R_3 I_3 = U_g, \end{cases} \tag{15.3}$$

解得

$$R_1 = U_g\left(\dfrac{1}{I_1} - \dfrac{1}{I_2} - \dfrac{1}{I_3}\right), \quad R_2 = U_g\left(\dfrac{1}{I_2} - \dfrac{1}{I_3}\right), \quad R_3 = \dfrac{U_g}{I_3}. \tag{15.4}$$

实验十五　用量程为 200 mV 的直流数字电压表组装多量程的直流电压表和直流电流表

【实验内容】

1. 以数字万用电表的直流电压 200 mV 量程(其内阻大于 10 MΩ,可视为无穷大)为基本量程,组装量程分别为 2 V 和 20 V 的直流电压表,要求直流电压表的内阻为 100 kΩ.

(1) 根据实验要求和相关公式计算电阻 R_1, R_2, R_3 的阻值.

(2) 用电阻箱(或电位器)作为电阻 R_1, R_2, R_3. 调整电阻箱(或电位器)的阻值为计算数值.

(3) 对组装后的直流电压量程进行校准. 用三位半的数字万用电表作为被改装表,用四位半的数字万用电表作为标准表,设计校准电路和步骤,并进行校准.

(4) 组装后 2 V 和 20 V 的直流电压量程的内阻分别是多少?

2. 将数字万用电表的直流电压 200 mV 量程(其内阻可视为无穷大)组装成量程分别为 200 μA, 2 mA 和 20 mA 的直流电流表.

参照上述实验内容,组装直流电流量程,并对改装后的直流电流量程进行校准. 组装后的直流电流各量程的内阻分别是多少?

【思考题】

试比较用数字万用电表和磁电式电表分别组装多量程直流电压表和直流电流表的原理有什么不同之处? 又有什么相同之处?

实验十六　测量非线性元件的伏安特性

【目的要求】

1. 学习测量非线性元件的伏安特性，了解进行伏安法测量时两种电表的连接方法和接入误差；
2. 学习用数字万用电表测量二极管，学习测量二极管的伏安特性；
3. 了解二极管的单向导电性和稳压二极管的稳压特性；
4. 了解白炽灯的伏安特性.

【仪器用具】

直流稳压电源，变阻器两个，电阻箱，二极管，稳压二极管，小白炽灯泡，数字万用电表两块，导线，开关.

【实验原理】

1. 测量元件的伏安特性

给一个电学元件通电，用电压表测出元件两端的电压 U，用电流表测出通过元件的电流 I，作出 U-I 关系曲线（通常以电压为横坐标，电流为纵坐标），称做该元件的伏安特性曲线. 这种研究元件特性的方法叫做伏安法. 电阻 R 是

$$R = U/I,$$

由电压、电流表的示值 U 和 I 计算可得到待测元件 R_x 的阻值. 如果伏安曲线为直线，表示元件阻值为一常数，不随电压电流变化. 这样的元件叫做线性元件，如碳膜（或金属膜）电阻等. 如果伏安曲线不是直线，元件阻值随电压（电流）变化. 这样的元件叫做非线性元件，如我们熟悉的二极管、白炽灯等.

伏安法的主要用途是研究非线性元件的特性. 一些传感器的伏安特性随着某一物理量的变化呈非线性变化，例如温敏二极管、磁敏二极管等. 因此在分析传感器特性时，常需要测量其伏安特性.

2. 电表连接方法和接入误差

测量伏安特性时电表连接方法有两种：电流表外接和电流表内接，如图 16-1 所示.

由于电表内阻的影响，这两种接法都会引进一定的系统误差. 当电流表内接时，系统误差为

$$\frac{\Delta R_x}{R_x} = \frac{R_A}{R_x}, \tag{16.1}$$

当电流表外接时，为

$$\frac{\Delta R_x}{R_x} = -\frac{R_x}{R_x + R_V}. \tag{16.2}$$

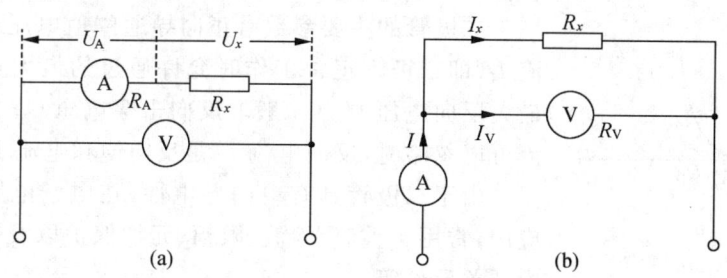

图 16-1 电流表内外接(a)和电流表内接(b)

使用电流表内接时,由于电流表内阻不为零,会使 R_x 实测值偏大;使用电流表外接时,由于电压表内阻不是无限大,会使 R_x 实测值偏小.

通常根据待测元件阻值及电表内阻选择合适的电表连接方法,以减小接入误差的影响.在测量小电阻,且电压表内阻远大于 R_x 时,常采用电流表外接;在测量大电阻,且电流表内阻远小于 R_x 时,常采用电流表内接.如果已知电压表、电流表的内阻分别为 R_V,R_A,利用下列公式可以对测量结果进行系统误差修正,计算出被测电阻 R_x 的准确值.当电流表内接时,

$$R_x = \frac{U}{I} - R_A, \tag{16.3}$$

当电流表外接时,

$$\frac{1}{R_x} = \frac{I}{U} - \frac{1}{R_V}. \tag{16.4}$$

现在数字式电表使用日益普及,其内阻可达 10 MΩ 以上,测量伏安特性时一般采用电流表外接的接法.

3. 半导体二极管

半导体二极管是一种常用的非线性元件,由 p 型、n 型半导体材料制成 pn 结,经欧姆接触引出电极封装而成,两个电极分别为正极、负极.二极管的结构示意图如图 16-2(a)所示,在电路图中的常用符号如图 16-2(b)所示.

二极管的电流 I 和电压 U 满足下式:

$$I = I_s [e^{qU/kT} - 1]. \tag{16.5}$$

在常温条件下,且 $U > 0.1$ V 时,上式可近似为

$$I = I_s e^{qU/kT}, \tag{16.6}$$

式中 $q = 1.602 \times 10^{-19}$ C 为电子电量,$k = 1.381 \times 10^{-23}$ J/K 为玻尔兹曼常数,T 为绝对温度,I_s 为反向饱和电流.

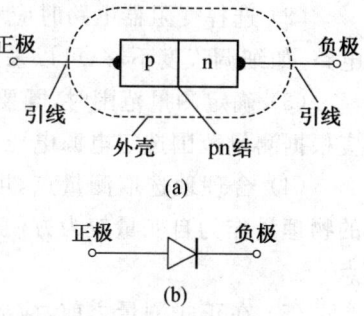

图 16-2 二极管的结构示意图(a)和常用符号(b)

二极管的主要特点是单向导电性,其伏安特性曲线如图 16-3 所示.由图可见,在正向电流和反向电压较小时,电流都较小.当正向电压加大到某一数值 U_D 时,正向电流明显增大,随着电压加大,电流急剧增大,伏安曲线趋近为一条直线;将此段直线反向延长与横轴相交,交点 U_D 称做正向导通阈值电压.对于硅二极管,$U_D \approx 0.7$ V;对于锗二极管,$U_D \approx 0.2$ V.

在反向电压较大时,电流趋近极限值 I_s.在反向电压超过某一数值 U_B 时,电流急剧增大,这种情况称做击穿,U_B 称做反向击穿电压.

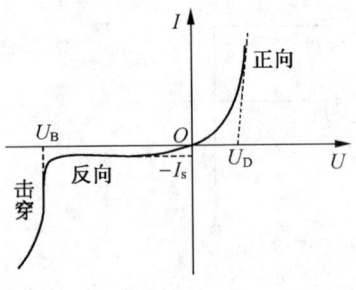

图 16-3 二极管的伏安特性曲线

二极管的主要参数有正向导通阈值电压 U_D、最大整流电流 I_f（即二极管正常工作时允许通过的最大正向平均电流）、最大反向电压 U_{Br}（一般取反向击穿电压 U_B 的一半）. 在漏电流可以忽略时，反向电流 I_r 是反向饱和电流 I_s 的额定值.

由于二极管具有单向导电性，在电子电路中得到了广泛应用，常用于整流、检波、限幅、元件保护以及在数字电路中作为开关元件等.

4. 稳压二极管

稳压二极管是一种特殊的半导体二极管，其符号和伏安特性曲线如图 16-4 所示. 由图可知，稳压二极管的正向伏安特性曲线与普通二极管的类似，只是达到反向击穿电压之后，在稳压值附近一个很宽的电流范围内（如图中的 $I_{zmin} \sim I_{zmax}$ 段），伏安特性曲线十分陡直. 在这个区域内，改变外加电压，仅引起通过稳压二极管的电流变化，而稳压管的端电压将维持恒定. 一般取电流

$$I_z = \frac{1}{2}(I_{zmin} - I_{zmax}),$$

所对应的电压值 U_z 作为稳压二极管的稳压值.

稳压二极管工作在反向击穿区. 与一般二极管不同，稳压管的反向击穿是可逆的，即去掉反向电压，稳压管又恢复正常. 当然，如果反向电流超过允许范围，稳压管同样会因热击穿而损坏.

稳压二极管的主要参数有稳定电压 U_z、最小稳定电流 I_{zmin} 和最大稳压电流 I_{zmax} 等. 稳压二极管经常用在稳压、恒流等电路中.

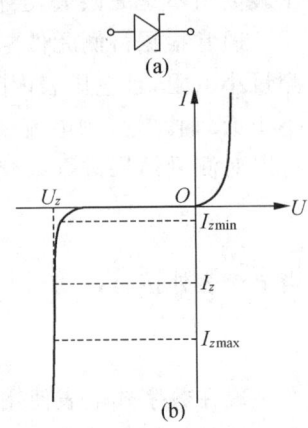

图 16-4 稳压二极管的常用符号(a)和伏安特性曲线(b)

5. 测量元件特性时的注意事项

（1）要了解元件的有关参数、性能及特点，实验中应保证元件安全使用，正常工作. 加在元件上的电压以及通过的电流都应小于其额定数值.

（2）选择变阻器电路时应考虑到调节方便，能满足测量范围的要求. 实验中经常采用分压电路，如细调程度不够，可以采用两个变阻器组成二级分压（或制流）细调电路.

（3）确定测量范围时，既要保证元件的安全，又要覆盖其正常工作范围，以反映元件特性. 应根据测量范围选定电源电压.

（4）合理地选取测量点，可以减小测量值的相对误差. 测量非线性元件时，选择变化较大的物理量作为自变量较为方便，可以等间隔取测量点；在测量值变化较大时，可适当增加测量点.

（5）在正式测量之前，应先对被测元件进行粗测，以大致了解被测元件特性、物理规律及变化范围，然后再逐点测量.

【实验内容】

1. 用数字万用电表测量二极管.

（1）使用数字万用电表测量二极管的专用挡来检测二极管. 将红表笔接触二极管的正极，黑表笔接触二极管的负极，测出的是二极管导通后的正向电压降（正向测量时电流约为 1 mA，

反向测量时电压约为 3 V). 由此可以辨别二极管的正、负极, 判断二极管是否正常.

在使用二极管专用挡测量时, 接通了万用电表内部的电池电源, 因此不得使用该挡测量通电情况下的二极管. 如果需要测量通电时二极管两端的电压, 应使用直流电压挡.

*（2）使用电阻挡测量二极管的正、反向电阻. 测量时, 应注意选择 20 kΩ 以上的挡, 以避免过大的电流损坏二极管.

2. 用伏安法测量稳压二极管的伏安特性.

（1）测量稳压二极管 (如 2DW7B 型) 的正向伏安特性. 为了保护二极管, 在使用二极管时通常要串联一个固定电阻 R_0. 实验中用电阻箱作为 R_0, 先取 $R_0 = 150$ Ω. 用两块数字万用电表分别测量稳压二极管两端的电压、电流. 要求将滑线变阻器接成分压电路.

在本实验的两个变阻器中, 使用哪一个调节时分压均匀性较好? 如果将两个变阻器接成具有粗调、细调的分压电路, 应如何接线? 请读者自己选择电表接法及电表量程. 注意: 二极管的正向电阻不是定值, 而且随电流变化; 正常工作电流一般约为 10 mA, 因此电流测量范围可取做 0.05~10 mA. 电源电压 E 先取为 1 V, 实验中根据实验要求可适当增大电源电压.

（2）测量稳压二极管的反向伏安特性. 2DW7B 型稳压二极管的稳压值约为 5 V, 因此先取 $E = -6$ V; 电流测量范围为 0.05~20 mA.

3. 参考上述实验步骤, 测量二极管 (如 2AP 型) 的伏安特性曲线.

4. 数据处理.

（1）作稳压二极管的伏安特性曲线. 为了便于比较其正、反向特性, 可将两条伏安特性曲线作在一张图上, 正、反向坐标可取不同的单位长度.

（2）由伏安特性曲线求出二极管的正向导通阈值电压.

（3）分别求出当 $U = 0.8$ V, -4 V 时二极管的欧姆电阻, 并根据正、反向电阻说明二极管的单向导电特性.

（4）由伏安特性曲线求出稳压二极管的稳压值 U_w.

（5）作二极管 (如 2AP 型) 的伏安特性曲线, 并与稳压二极管进行对比.

【思考题】

1. 当使用数字万用电表的电阻挡 (20 kΩ 以上各挡) 测量二极管的正向电阻时, 为什么各挡测得的数值不同? 如果用同样方法测量线性电阻, 情况会怎样?

2. 测量二极管正向伏安曲线时, 采用了哪种电表接法? 为什么?

3. 用伏安法测量电阻. 已知 $R_{x1} \approx 50$ Ω, $R_{x2} \approx 1000$ Ω. 使用磁电式电压表、电流表分别测量电压、电流. 电流表的量程为 0—1.5 mA—7.5 mA—15 mA—30 mA, 内阻分别为 16 Ω—9.1 Ω—4.8 Ω—2.5 Ω; 电压表的量程为 0—1.5 V—3 V—7.5 V, 内阻分别为 1.5 kΩ—3 kΩ—7.5 kΩ; 变阻器的全电阻分别为 1000 Ω 和 100 Ω.

（1）请设计选择电路, 选择电源电压 E 和电表的量程.

（2）安排实验步骤, 比较不同的电表接法对测量结果的影响.

【设计实验】

测量小白炽灯泡的伏安特性曲线

白炽灯是日常生活中经常使用的光源之一, 由金属钨丝制成灯丝, 因此也常称做钨丝灯.

当电流通过时,灯丝发热而发光.在工作时,白炽灯的灯丝处于高温状态,其灯丝电阻随着温度的升高而增大.通过白炽灯的电流越大,其温度越高,阻值也越大.一般灯泡的"冷电阻"与"热电阻"的阻值可相差几倍至十几倍,其伏安特性曲线不呈直线,因此白炽灯属于非线性元件.

白炽灯的种类很多,实验中使用的小灯泡是常用做手电筒的光源(其工作条件是 6.3 V,0.15 A).在一定电流范围内,小灯泡的电压与电流的关系为

$$U = KI^n, \tag{16.7}$$

式中 K 和 n 是与灯泡有关的系数.

本实验要求:

(1) 设计电路并测量小灯泡的伏安曲线;
(2) 验证式(16.7);
(3) 求系数 K 和 n;
(4) 求出室温下的灯丝电阻.

实验十七　直流平衡电桥

【目的要求】

1. 理解直流电桥的电路原理和特点；
2. 学习使用平衡电桥测量电阻.

【仪器用具】

电阻箱三个,待测电阻三个(几十欧、几百欧和几千欧的各一个),数字万用电表一块,直流稳压电源,开关,导线等.

【实验原理】

直流平衡电桥(也称为惠斯通电桥)的电路如图 17-1 所示.

把四个电阻 R_1, R_2, R_x, R_0 连成一个四边形回路 $ABCD$,每条边称做电桥的一个"桥臂".在四边形的一组对角接点 A,C 之间连入直流电源 E,在另一组对角接点 B,D 之间连入平衡指示仪表(也称做示零器). B,D 两点的对角线形成一条"桥路",它的作用是将桥路两个端点的电位直接进行比较.当 B,D 两点电位相等时,桥路中无电流通过,示零器示值为零,这时称电桥达到平衡.

电桥电路可以看成是两个分压电路: E 和 R_1, R_x 是一个分压电路; E 和 R_2, R_0 组成另一个分压电路,通过示零器可以比较 R_x 和 R_0 上的电压 U_{BC} 和 U_{DC},根据电压极

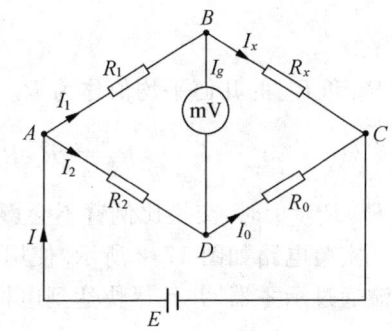

图 17-1　直流电桥原理电路

性可以判断哪端电压大.调整桥臂电阻,如果示零器指零,表示 B,D 两点电位相等,有 $U_{AB}=U_{AD}, U_{BC}=U_{DC}$.电桥平衡时桥路电流 $I_g=0$,流过电阻 R_1, R_x 的电流有 $I_1=I_x$,同理还有 $I_2=I_0$.因此,

$$\frac{R_1}{R_2}=\frac{R_x}{R_0}, \tag{17.1}$$

即

$$R_x=\frac{R_1}{R_2}R_0. \tag{17.2}$$

如果 R_1, R_2, R_0 均已知(或 R_1/R_2 和 R_0 已知),由式(17.2)即可求出 R_x. R_1/R_2 常称做比例臂, R_0 称做比较臂.

示零器应采用灵敏度较高的仪表,本实验中使用数字万用电表的直流电压 200 mV 量程(内阻为 10 MΩ)作为示零器,它的最小分辨率为 0.1 mV,并可以显示电压的正、负极性.

使用伏安法测量电阻,电表内阻会带来接入误差的影响;而使用平衡直流电桥测量电阻,

采用的是比较法,即将未知电阻与标准电阻相比较,通过示零器判断电桥是否达到平衡.电桥的示值元件不是电表,而是电阻.由式(17.2)可知,当电桥平衡时,待测电阻的测量精度与桥臂电阻的精度有关.如果采用高精度(如 0.1%)电阻作为桥臂电阻,只要示零器足够灵敏,待测电阻也可以达到桥臂电阻的精度.因此使用电桥可以准确测量电阻,而且对直流电源的稳定度要求也不高.

使用直流电桥测量电阻的误差除了和桥臂电阻精度有关之外,还和电桥灵敏度有关.在实验中,电桥是否平衡是通过示零器的示值来判断的.当桥路电流小于检测仪表的最小分辨率时,仪表便无法检测,这将给测量结果带来影响.电桥平衡后,如果改变 R_0(例如令 $\Delta R_0/R_0 = 0.1\%$),示零器的示值没有变化.这表明此时电桥灵敏度偏低,可以采取一些措施,例如根据待测电阻的大小选取适当的比例臂,适当减小桥臂阻值,在桥臂电阻额定功率容许的情况下适当提高电源电压,换用灵敏度更高的示零器等,来提高电桥灵敏度.但是要注意,过高的电桥灵敏度对测量并不一定有利,它反而会影响桥路平衡的判断.

为了消除比例臂 R_1/R_2 比值的系统误差,可以采用交换测量法.先测得待测电阻为

$$R_{x1} = R_{01} \frac{R_1}{R_2}.$$

再交换 R_0 和 R_x 的位置测量一次,得到

$$R_{x2} = R_{02} \frac{R_2}{R_1},$$

取 R_{x1} 和 R_{x2} 的几何平均值作为 R_x 的测量结果:

$$R_x = \sqrt{R_{x1} R_{x2}} = \sqrt{\left(R_{01} \frac{R_1}{R_2}\right)\left(R_{02} \frac{R_2}{R_1}\right)} = \sqrt{R_{01} R_{02}}. \tag{17.3}$$

当 $R_1/R_2 = 1$ 时,交换比例臂不会影响测量结果的有效数字,精度最高.

实验电路如图 17-2 所示.使用电桥法测量电阻时,应掌握正确的使用方法,以避免过大的电流通过示零器,并且尽快达到电桥平衡.调节步骤如下:

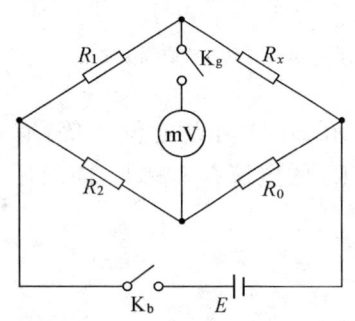

图 17-2 直流电桥的实验电路

(1) 使用数字万用电表测量待测电阻 R_x 的阻值,并根据测值选取合适的比例臂 R_1/R_2 值,确定比较臂 R_0 的初始值,使得通电时电桥尽可能接近平衡.

(2) 应注意开关顺序.接通电路时,应先闭合 K_b,后闭合 K_g;断开电路时,应先断开 K_g,后断开 K_b.在测量有感电阻时应特别注意.

(3) 在调节 R_0 的过程中,示零器接连两次的偏转方向可能相同,也可能相反.应分析 R_0 取值偏大还是偏小,考虑下一步应如何调节 R_0,避免盲目性.

(4) 当电桥平衡时,应通过下列步骤来判断电桥是否真正达到平衡:

① 反复通断 K_g(采用跃接法),看示零器示数是否有变化;

② 少量增减 R_0,以破坏电桥平衡.当相应的示零器示值极性不同时,则原来的平衡判断是真实的.

(5) 正确判断测量结果的有效数字位数.电桥平衡后,改变作为 R_0 的电阻箱的较低位的阻值,使得 R_0 有一相对变化 $\Delta R_0/R_0$.如果这一位由 0 变化到 0.9,示零器的示值不变,则说明

电桥灵敏度较低,这一位不能作为有效数字的位数.这时,应继续增大 R_0 的变化,直到示零器有明显变化为止,R_0 的有效数字应记录到这一位.

【实验内容】

1. 自组电桥测电阻 R_{x2}（几百欧姆）.
(1) 使用数字万用电表的欧姆挡测量待测电阻 R_x 的阻值.
(2) 自组电桥电路（见图 17-2）.用三个电阻箱作为桥臂电阻,使用数字万用电表的直流电压 200 mV 量程作为示零器.
(3) 根据待测电阻 R_x 的阻值选定合适的比例臂 R_1/R_2 和 R_0 的阻值,使得测量结果有四位有效数字.电源电压为 $E=2$ V,$R_1/R_2=500\ \Omega/500\ \Omega$.按照正确实验步骤判断电桥平衡.
(4) 交换 R_x 和 R_0.再测量一次.根据式 (17.3) 计算待测电阻 R_x 的阻值.
2. 选取合适的条件,分别测量 R_{x1}（几十欧姆）和 R_{x3}（几千欧姆）.
*3. 了解影响直流电桥灵敏度的因素.
改变相关因素,例如：电源电压、R_1,R_2 的数值、示零器的灵敏度（例如使用直流电压 2 V 量程）等,观察电桥灵敏度的变化.

【思考题】

1. 如果按图 17-2 连接电桥电路,经检查接线无误,接通电源进行测量时却发现如下情况,问电路有何故障?
(1) 示零器的示值没有变化；
(2) 示零器的示值极性不变.
2. 下列因素是否会加大测量误差?
(1) 电源电压大幅度下降；
(2) 电源电压稍有波动；
(3) 在测量较低电阻时,导线电阻不可忽略；
(4) 示零器的灵敏度不够高.

【设计实验】

用电桥法测量一个磁电式微安表的内阻

已知一块磁电式微安表的量程为 $0\sim200\ \mu A$,内阻约为 $500\ \Omega$.

提供的实验仪器用具有：电阻箱三个,变阻器（全量程为 50 Ω）,干电池一节,单刀开关两个.

本实验要求：
(1) 设计测量电路,说明如何选取阻值、实验步骤和计算 R_x 的方法；
(2) 如果没有提供示零器,如何测量电表内阻?

提示：电桥可以准确测量电表的内阻,但在测量时应注意控制通过电表的电流大小和方向,避免因电流过大引起超出电表量程和电流表指针反打等现象.在测量磁电式电表时尤其要注意这点.

实验十八　学习使用示波器

【实验目的】

1. 了解示波器的主要结构和显示波形的基本原理；
2. 学会使用示波器观察波形以及测量电压、周期和频率；
3. 学会使用信号发生器．

【仪器用具】

通用型双踪示波器，信号发生器，直流电源等．

【实验原理】

电子示波器(简称示波器)能够显示电信号的波形，一切可以转化为电压的电学量和非电学量及它们随时间变化过程(无论是周期性信号还是非周期性信号)都可以用示波器来观测．示波器是一种重要的电子测量仪器，在学习工作中广泛使用．目前使用的示波器大致分为示波管式双踪通用示波器、读出示波器和数字存储示波器，本实验介绍示波管式双踪通用示波器．

一、示波器的基本结构

示波器主要包括以下几部分：示波管、放大系统(包括：带衰减器的 Y 轴放大器和带衰减器的 X 轴放大器)、扫描(锯齿波发生器)、触发同步系统和电源系统等，其结构方框图见图 18-1．

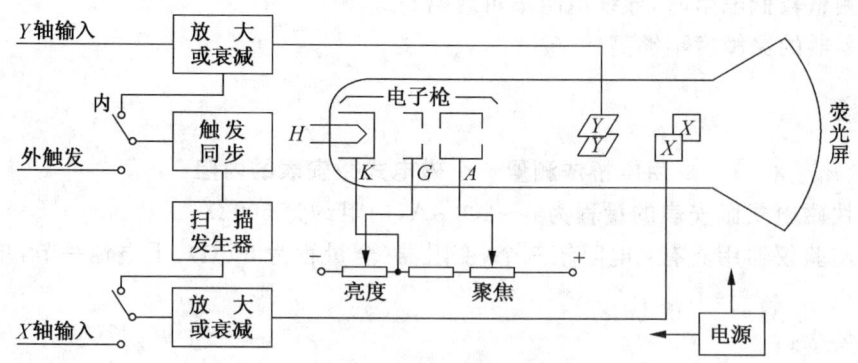

图 18-1　示波器结构方框图

1. 示波管

如图 18-1 所示，示波管主要包括电子枪、偏转系统和荧光屏三部分，全都密封在玻璃外壳内，里面抽成高真空．下面分别说明各部分的作用．

(1) 电子枪．它由灯丝 H、阴极 K、控制栅极 G、阳极 A 等几部分组成．灯丝通电后加热阴极. 阴极是一个表面涂有氧化物的金属筒,被加热后发射电子. 控制栅极是一个顶端有小孔的圆筒,套在阴极外面. 它的电位比阴极低,对阴极发射出来的电子起控制作用,只有初速度较大的电子才能穿过栅极顶端的小孔然后在阳极加速下奔向荧光屏. 示波器面板上的"亮度"调整就是通过调节电位以控制射向荧光屏的电子流密度,从而改变了屏上的光斑亮度. 阳极电位比阴极电位高很多,电子被它们之间的电场加速形成射线. 当控制栅极、阳极之间的电位调节合适时,电子枪内的电场对电子射线有聚焦作用,所以阳极也称做聚焦阳极. 面板上的"聚焦"调节,就是调整阳极 A 的电位,使荧光屏上的光斑成为明亮、清晰的小圆点.

(2) 偏转系统. 它由两对相互垂直的偏转板组成,一对是垂直偏转板 Y,一对是水平偏转板 X. 在偏转板上加以适当电压形成电场,当电子束通过时,电子受到电场的作用其运动方向发生偏转,从而使电子束在荧光屏上的光斑位置也发生改变.

可以证明,光点在荧光屏上偏移的距离与偏转板上所加的电压成正比,因此可以将电压的测量转化为屏上光点偏移距离的测量,这正是示波器测量电压的原理.

(3) 荧光屏. 它是示波器的显示部分,当加速聚焦后的电子打到荧光屏上,屏上涂的荧光物质就会发光,从而显示出电子束的位置. 当电子停止作用后,荧光剂的发光需要经过一定时间才会停止,称为余辉效应.

2. 信号放大器和衰减器

示波管本身相当于一个多量程电压表(其内阻高达 $1\mathrm{M}\Omega$),这一作用是靠信号放大器和衰减器实现的. 当加在偏转板上的信号过小时,要预先将信号电压加以放大后再加到偏转板上,为此设置 X 轴及 Y 轴电压放大器. 衰减器的作用是使过大的输入信号电压变小以适应放大器的要求,否则放大器不能正常工作,使输入信号发生畸变,甚至使仪器受损.

3. 扫描、触发系统

扫描系统也称为时基电路,用来产生一个随时间作线性变化的扫描电压,这种扫描电压随时间变化的关系如同锯齿,故称为锯齿波电压,这个电压经 X 轴放大器放大后加到示波管的水平偏转板上,使电子束产生水平扫描. 这样,屏上的水平坐标变成时间坐标,Y 轴输入的被测信号波形就可以在时间轴上展开. 触发系统是为获得稳定波形而专门设计的,其工作原理见下面的介绍. 扫描、触发系统是示波器显示被测电压波形必需的重要组成部分.

二、示波器显示波形的原理

如果只在竖直偏转板上加一交变的正弦电压,电子束形成的亮点将随电压的变化在竖直方向来回运动,如果电压频率较高,看到的是一条竖直亮线,如图 18-2 所示.

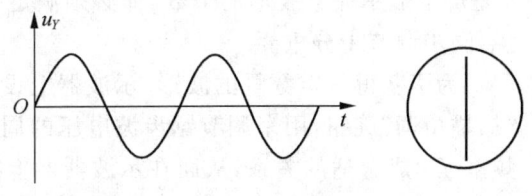

图 18-2 只加垂直方向扫描的波形

要能够显示波形,必须同时在水平偏转板上加一扫描电压,使电子束的亮点沿时间轴(在水平方向)展开. 这种扫描电压的特点是电压随时间成线性关系增加到最大值,然后突然回到最小,此后再重复地变化. 这就是前面所说的"锯齿波电压",其电压随时间线性变化. 如果只将锯齿波电压加在水平偏转板上,在频率比较低时可以看到亮点在水平方向作匀速往复运动;如果频率足够高,在荧光屏上显示的是一条水平亮线,如图 18-3 所示.

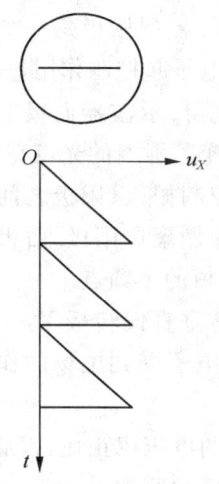

图 18-3 只加水平方向扫描的波形

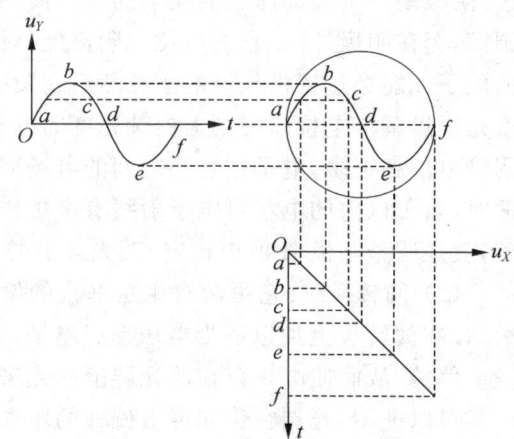

图 18-4 显示波形的原理

如果在竖直偏转板(简称 Y 轴)上加正弦电压,同时在水平偏转板(简称 X 轴)上加锯齿波电压,电子受竖直、水平两个方向作用力的影响,其运动就是两相互垂直运动的合成.当锯齿波电压与正弦电压周期相同时,在荧光屏上将能显示出正弦电压的波形,如图 18-4 所示.

三、同步的概念

如果正弦波和锯齿波电压的周期稍微不同,屏上出现的是移动着的不稳定图形.设锯齿波电压的周期 T_X 比正弦波电压周期 T_Y 稍小,在第一次扫描周期完成后,正弦波电压值比第一次扫描起始值偏小;第三次扫描完成时,正弦波电压值又比第二次扫描起始值偏小,周而复始,使得屏上显示的波形每次都不重叠,好像波形在向右移动.同理,如果 T_X 比 T_Y 稍大,则波形好像在向左移动.这种情况在使用示波器的过程中经常会出现,其原因是扫描电压的周期与被测信号的周期没有严格满足整数比,以致使每次扫描开始时波形曲线上的起点不一样,所以造成了每次扫描路径不重合.为了使屏上的图形稳定,必须使

$$T_X/T_Y = f_Y/f_X = n, \quad n = 1,2,3,\cdots, \tag{18.1}$$

n 是屏上显示完整波形的个数,即必须满足扫描周期和观测信号严格同步.对于示波器调节来说,同步调节十分重要.

为了获得一定数量的波形,示波器上设有"扫描时间"(或称为"扫描范围"、"扫描速度")、"扫描微调"旋钮,用来调节锯齿波电压的周期 T_X(或频率 f_X),使之与被测信号的周期 T_Y(或频率 f_Y)成合适的关系,从而在示波器屏上得到所需数目的完整的被测波形.输入 Y 轴的被测信号与示波器内部的锯齿波电压是互相独立的.由于环境或其他因素的影响,它们的周期(或频率)可能发生微小的改变.这时,虽然可通过调节扫描旋钮将周期调到整数倍的关系,但过一会儿又变了,波形又移动起来.在观察高频信号时这种问题尤为突出.为此示波器内装有扫描同步装置,让锯齿波电压的扫描起点自动跟着被测信号改变,这就称为同步.有的示波器中,需要让扫描电压与外部某一信号同步,因此设有"触发选择"键,可选外触发工作状态,相应设有"外触发"信号输入端.

四、示波器测量

如前所述,示波器显示的是输入信号沿时间轴(水平轴)展开的波形.波形的纵坐标是电压,横坐标是时间,由示波器可读出信号在各时刻的瞬时电压值,经过计算可以得到被测信号的有关参数.示波器直接测量的是电压和时间,间接可测得与电压和时间有关的物理量,例如测量周期性信号的有效值、周期、频率,等等.

在进行示波测量之前,应将 Y 轴(或 X 轴)放大旋钮调到"校准"位置,或者将 Y 轴(或 X 轴)偏转因数的微调旋钮锁死(即顺时针旋到底),这样 Y 轴垂直偏转因数(或 X 轴水平偏转因数)的示值才是有效的.有条件时还应该用示波器内设的标准信号进行校准.

1. 测量电压幅度

在示波器上调节出大小适中、稳定的正弦波形,选择其中一个完整的波形,先测算出正弦波电压峰-峰值 U_{p-p},即

$$U_{p-p} = (垂直距离\ \text{DIV}) \times (垂直偏转因数\ \text{V/DIV}),$$

其中 DIV 表示波器面板上的网格格数,垂直距离 DIV 是垂直方向(即 Y 轴方向)的格数,V/DIV 表示每格代表的以 V 为单位的电压值,即垂直偏转因数;然后求出正弦波电压的有效值 U:

$$U = \frac{0.71 \times U_{p-p}}{2}.$$

2. 测量信号频率和周期

在示波器上调节出大小适中、稳定的正弦波形,选择其中一个完整的波形,先测算出正弦波的周期 T,即

$$T = (水平距离\ \text{DIV}) \times (水平偏转因数\ t/\text{DIV}),$$

其中水平距离 DIV 是水平方向(即 X 轴方向)的格数,t/DIV 表示波器面板上每格代表的时间 t,即水平偏转因数;然后求出正弦波的频率 $f = 1/T$.

如果输入直流电压信号,看到的将是一条水平亮线,由亮线的垂直位移及偏转因数即可读出直流电平数值.

五、示波器的主要使用步骤

1. 打开电源开关,经过预热之后荧光屏上出现亮点(或扫描亮线).
(1) 调节"辉度"旋钮,使亮点适中,不要使亮度过强,以免造成荧光屏老化.
(2) 调节"聚焦"使亮斑成小圆点.
(3) 调节"Y 轴位移"、"X 轴位移"使亮点上下、左右位置适中.
(4) 调节"扫描微调"("X 增益")旋钮,使扫描线长度合适.

2. 接入待测信号.
(1) 将被测信号接到"Y 轴输入"和"地",注意使示波器的"地"和其他仪器的"地"连接在一起,以屏蔽干扰.
(2) 根据观测要求,选择适当的输入耦合方式.

3. 调整 Y 增益旋钮,使 Y 轴信号幅度合适.

4. 正确选择"触发源",一般使用"内同步".

5. 调整"扫描速度"使图形较为简单稳定.
6. 调节"触发电平"得到稳定清晰的波形.

【实验内容】

1. 开启示波器并且调节光点的聚焦和位置.

将"辉度"旋钮预置在辉度适中的位置,"水平位移"旋钮和"竖直位移"旋钮预置在中间位置,接通电源开关,让示波器预热 1~2 min. 调整辉度使亮度适中. 调节"聚焦"旋钮使光点变得最小、最圆,再用两个位移旋钮使光点移到坐标的原点上.

2. 观察示波器的扫描线.

将"扫描范围"旋钮置于最低挡(将"扫描微调"旋钮逆时针旋到底),此时扫描频率最低. 将"X 增益"适当调大,可以看到屏上光点在水平方向上从左向右移动,到右端后又立即回到左端. 增大扫描频率,可以看到扫描亮线. 调节 X 增益,可以改变扫描线的长度. 在扫描频率保持不变时,扫描线越长,横坐标每格代表的时间值就越小.

3. 观察示波器上光点的竖直偏移并用它测量直流电压.

使示波器屏上显示扫描线,将输入耦合开关置于"DC",选择合适的 Y 轴增益,注意检查扫描线是否置于屏幕中间位置,可将"Y 轴输入"置于接地,调节示波器的"垂直位移".

将直流电源的输出电压接到 Y 轴输入端,调节直流电压大小,使加在示波器 Y 输入端的被测电压从零增加到最大值,可以看到扫描线逐渐竖直向上偏移,观察电压的最大值.

调换电源的正负极,重复以上操作,观察扫描线怎样偏移. 改变 Y 增益,观察扫描线的相应移动.

4. 用示波器观测由信号发生器产生的正弦交流电压信号.

(1) 打开信号源的电源开关,选择正弦波形. 将信号发生器的衰减开关置于"0 dB"挡,正弦波幅度旋钮置于中间位置,调节频率旋钮,使信号发生器产生频率约为 400 Hz 的正弦信号电压.

(2) 把示波器的输入耦合开关置于"AC". 将信号发生器的正弦波输出端及接地端分别与示波器的 Y 输入端及接地端相连.

调节示波器的扫描微调旋钮,使显示呈现稳定的正弦波形. 缓慢调节扫描微调旋钮使扫描频率由最大值逐渐减小,可以在屏上逐次出现一个、两个、三个……周期稳定的正弦波形. 调节 Y 增益旋钮,可以改变波形的幅度. (想一想,在显示五个周期的波形时,扫描的频率是多少?)

(3) 在获得稳定的波形后,分别调节示波器的 Y 增益旋钮和信号发生器的正弦波幅度旋钮,看波形在竖直方向的幅度如何变化. 将信号发生器的衰减开关由"0 dB"改置于"20 dB",观察显示波形的幅度如何变化. 如果将示波器的衰减开关由"10"改置于"1",波形幅度如何变化?

(4) 将示波器的同步开关由"+"号改置于"−"号位置,观察波形变化.

(5) 调节示波器的 X 增益旋钮,可以使波形在水平方向扩展或收缩. 为了便于读数,可使波形在横坐标上占据整齐的格数.

(6) 保持示波器的扫描频率不变,调节信号发生器的频率细调旋钮,使被观测信号的频率由 400 Hz 逐渐增加到 500 Hz,再逐渐减小到 100 Hz,看屏上呈现的稳定波形的周期数有什么变化. (想一想,为什么?)

(7) 保持被观测信号的频率为 400 Hz,将示波器的扫描范围改为"10~100 Hz",调节扫描微调旋钮,看屏上呈现的稳定波形的周期数最少是几个? 最多是几个? 再将扫描范围改为"1 k~10 kHz",调节扫描微调旋钮,看能否呈现稳定的正弦波形? (想一想,为什么?)

(8) 观测高频信号. 取正弦信号频率分别为几千赫、几十千赫、几百千赫, 示波器的扫描频率要选取合适的范围, 使屏上都能呈现两三个周期稳定的波形.

5. 测量正弦波的有效值和周期(频率).

调节信号发生器输出的某个频率(例如 300 Hz)的正弦信号, 调节示波器显示出稳定波形. 注意, 应将 Y 轴(或 X 轴)放大旋钮调到"校准"位置, 或将 Y 轴(或 X 轴)偏转因数的微调旋钮锁死(即顺时针旋到底), 这样 Y 轴垂直偏转因数和 X 轴水平偏转因数示值才是有效的.

先用数字万用电表的交流电压量程测量正弦波信号的有效值, 再用示波器测量正弦信号的峰值, 进行计算得到有效值, 与数字表测量的结果进行比对. 为了减小读数的相对误差, 可以在显示屏上读出正弦电压的峰-峰值, 取其一半得到峰值.

6. 用示波器观测其他周期性信号.

调节信号发生器的波形选择, 分别将方波、三角波和锯齿波接入示波器的 Y 轴输入端, 信号频率可取几百赫, 参照前述方法调节示波器的状态, 使屏上呈现稳定的波形.

【思 考 题】

1. 如果示波器良好, 但是开机后荧光屏上无光点出现, 哪些旋钮位置不合适会出现这种情况? 应怎样调节才能使光点出现?
2. 如果观察到荧光屏上波形不断向右移动, 说明锯齿波频率是偏高还是偏低?
3. 用示波器观测周期性信号时, 信号的频率恒定, 改变扫描频率能否使显示的波形周期数变化? 保持扫描频率恒定, 改变信号的频率能否使显示的波形周期数变化? 它们的作用原理有什么不同? 上述两种情况下, 如果保持示波器的 X 增益恒定, 那么横坐标每一格代表的时间值是否发生变化?

【附　　录】

信号发生器的主要旋钮及其功能

信号发生器能产生多种交流信号, 其主要功能及其旋钮如下:

(1) 电源开关.

(2) 频率调节. 一般信号源可输出 1 Hz~1 MHz 的信号电压, 频率稳定可调.

(3) 波形选择. 一般信号源可输出正弦波、方波、三角波、锯齿波、脉冲波等多种信号波形.

(4) 幅度调节. 面板电压指示一般是在输出衰减前的交流信号电压的峰-峰值.

(5) 衰减. 信号发生器的输出电压是经过内部衰减器后输出的. 输出信号的大小由面板上电压表读数和衰减倍数的大小决定. 由于衰减倍数范围较大, 故取其对数值刻在"输出衰减"旋钮周围. 衰减倍数用分贝(dB)值表示, 其定义为

$$\text{分贝值} = 20 \lg \frac{U}{U_。}$$

其中 U 为未经衰减器的电压, 由面板上电压表读出, 示值为有效值. $U_。$ 为经过衰减器后的输出电压有效值.

(6) 输出. 一般信号源输出为电压输出, 即不能提供较大功率. 如果负载电流较大(电阻较小)时, 输出信号的波形可能会失真, 或是输出电压值变小. 因此有的信号发生器设有功率输出接线端, 可以输出较大功率.

实验十九　观测电容特性

【目的要求】

1. 观察电容充放电现象,了解电容特性;
2. 根据电容容抗的频率特性测定电容.

【仪器用具】

两个电容(其中一个为电解电容,电容值约为几十微法;另一个电容值约为 $0.06\,\mu\mathrm{F}$),电阻箱,直流电源,信号发生器,数字万用电表,示波器,导线,开关等.

【实验原理】

1. 电容器

电容器是常用电子元件之一,其符号如图 19-1 所示,用 C 表示.

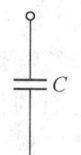

常用电容器以两层金属箔(膜)为极板,极板中间有一层绝缘材料作为介质.极板上可集聚等量异号的电荷 Q,两极板的电压为 U,两者成线性关系,其比值即为电容

$$C = Q/U. \tag{19.1}$$

图 19-1　电容符号

电容的基本单位是 F,这个单位太大,常用单位有 $\mu\mathrm{F}$ 和 pF:$1\,\mathrm{F}=10^6\,\mu\mathrm{F}$,$1\,\mu\mathrm{F}=10^6\,\mathrm{pF}$.

电容的种类很多,分为固定电容和可变电容.固定电容有:瓷介质电容、云母电容、薄膜介质电容、纸介质电容和电解电容器等.常用的电解电容器电容值较大,且有正负极性,使用时应注意将正极接高电位,负极接低电位;如果极性接反,会将电容器击穿损坏.电容的主要参数有:电容值和额定工作电压.

由于电容的充放电特性,以及电容具有隔直流和通交流的能力,在电子技术中使用十分普遍,常用于滤波电路、定时电路、锯齿波发生器电路、微分积分等电路.

2. RC 电路充放电特性

将一个电容和一个电阻串联构成 RC 电路,电路如图 19-2 所示.当开关 K 合到图 19-2 中的"1"时,直流电源通过电阻 R 给电容充电,电容上的电压 u_C 逐渐增大,最终与电源电压 E 相等;然后再将开关合向"2",电容 C 将通过电阻 R 放电,u_C 逐渐减小,直至为零.

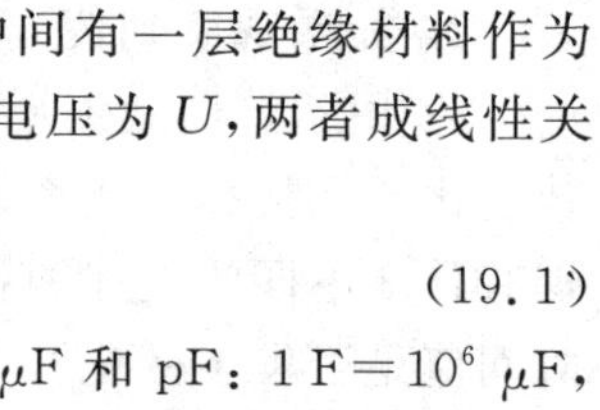

同样可以观察充放电过程中电路电流 i 的变化,实验中一般通过 u_R 检测电流 i 的变化.在通电的瞬间电流 i 比较大,用电表检测时应选取合适的量程.

图 19-2　电容充放电原理电路

在 RC 电路充放电过程中 u_C 和 u_R 的变化遵循以下规律:

(1) 对于充电过程,有

$$u_C = E(1 - e^{-t/RC}),$$
$$i = \frac{E}{R} e^{-t/RC} \quad \text{或} \quad u_R = E e^{-t/RC}, \tag{19.2}$$

(2) 对于放电过程,有
$$u_C = E e^{-t/RC},$$
$$i = -\frac{E}{R} e^{-t/RC} \quad \text{或} \quad u_R = -E e^{-t/RC}. \tag{19.3}$$

由上述公式可知,在充电过程中,u_C 和 $i(u_R)$ 均按指数规律变化. 式(19.3)中电流的负号表示放电过程中电流的方向与充电过程相反. u_C 和 $i(u_R)$ 随时间变化的曲线如图 19-3(a)和(b)所示.

令 $\tau = RC$,τ 称为 RC 电路的时间常数. 当 $t = \tau = RC$ 时,由式(19.3)可知
$$u_C = E e^{-1} \approx 0.368 E. \tag{19.4}$$

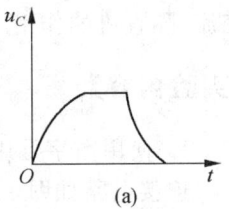
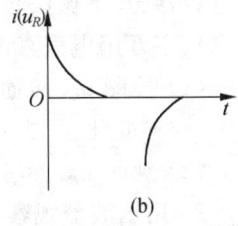

图 19-3 电容充、放电波形
(a) 电压波形;(b) 电流波形

上式说明,τ 表示放电过程中 u_C 由 E 衰减到 E 的 36.8% 所需要的时间. 电阻电容数值越大,τ 值越大,u_C 变化越慢,即电容充放电进行得越慢. 通过时间常数 τ,电压 u_C、时间 t 以及 R,C 数值之间建立了对应关系. 根据这一特性,由 u_C 的变化测得 τ,如果已知电阻 R,可测出电容 C.

电容充放电的特性在实际中得到广泛应用,例如制成延时开关,用于声光控制路灯的电路中等.

3. 用示波器观察 RC 电路在充放电过程中 u_C 和 u_R 的变化

实验电路如图 19-4 所示,由信号源输出周期性方波信号. 可将方波信号看成一个电子开关,其作用相当于图 19-2 电路中的选择开关 K 自动连续在"1"、"2"之间切换,使得电容轮流持续进行充放电,调节示波器即可得到稳定波形,这样便于观察 u_C 和 u_R 随时间变化的波形.

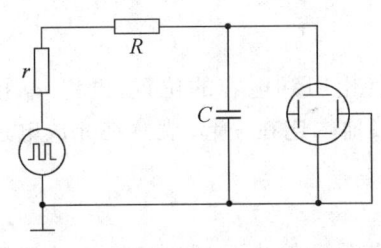

图 19-4 电容充放电实验电路

调节方波的半周期远大于 RC 电路的时间常数 τ,即使得电容充放电过程在方波的半周期内完成,这时 u_C 和 u_R 的变化规律可近似为上述单次充放电过程. 根据图 19-4 和式(19.4),可使用示波器测量时间常数 τ,粗略测定电容数值. 注意,这里的电阻应是电路的全电阻,不仅包括外电路电阻 R,还应包括信号源内阻 r.

4. 电容阻抗和频率的关系

给 RC 电路加以正弦波信号时,电路呈现出和直流电路不同的特性. 类似电阻元件,电容也具有阻抗,称为容抗 Z_C. 电容的容抗 Z_C 与电源频率 f 及电容值 C 有关,有
$$Z_C = \frac{1}{2\pi f C}. \tag{19.5}$$

如果已知电阻 R 的阻值,测量 u_C 和 u_R,即可得到
$$Z_C = \frac{U_C R}{U_R}. \tag{19.6}$$

其中以 U_C,U_R 表示 u_C,u_R 的有效值. 因此可得

$$C = \frac{1}{2\pi f Z_C} = \frac{U_R}{2\pi f U_C R}. \tag{19.7}$$

由式(19.5)可知,电容的容抗 Z_C 随着电源频率 f 变化;f 越高,Z_C 越小,因此电容具有通交流、隔直流的作用.利用这一特性可制成 RC 滤波器,广泛用于整流滤波电路中.

【实验内容】

1. 使用数字万用电表直流电压量程观察 RC 电路中电容的充、放电现象.

连接电路如图 19-2.为使充放电现象较明显,可选取较大数值的电容和电阻,电容 C 为电解电容器(几十微法),注意其正极必须接高电位;R 为电阻箱,取几十千欧.电源电压为 5 V,选取数字万用电表直流电压合适的量程检测 u_C 和 u_R 的变化.

(1) 检测 u_C.接通电源开关,将选择开关 K 分别合到"1"和"2",观察在充电过程和放电过程中 u_C 的变化.

(2) 观测 u_R.参考上述实验步骤,用数字万用电表的直流电压量程检测 u_R.

2. 用示波器观察 RC 电路充放电现象.

连接电路如图 19-4.采用数值较小的电容(约 $0.06\,\mu\text{F}$),电阻 R 取 $10\,\text{k}\Omega$.

(1) 先观察信号源输出的方波信号,信号源频率为 $f = 80\,\text{Hz}$.注意满足"共地",使示波器的接地端和直流电源的接地端连在一起.

(2) 观察 u_C.将 u_C 接到示波器的输入通道进行观察,连接电路时同样需要注意满足"共地",选取较慢的扫描时间进行观测.如果扫描时间过快,会看到什么现象?

(3) 改变电阻数值,观察 u_C 波形的变化.

(4) 改变电容数值,即将另一个电容并联到电路中的电容两端,观察波形变化.根据波形分析,并联后的电容值是变大了,还是变小了?

(5) 改变电源电压数值,观察波形变化.

(6) 观察 u_R.为了满足"共地",需要变换电路接法,即交换电阻和电容的位置,再将 u_R 接到示波器的输入通道,注意使示波器的接地端和直流电源的接地端连在一起.观察在充放电过程中电路电流 i(即 u_R)的变化.

根据上述观察到的现象,分析 RC 电路充放电特性.

(7) 测量电容数值.使用示波器的双通道输入,一路观测信号源输出,一路观察 u_C,注意两通道的公共接点要和信号源接地端和示波器的接地端连在一起,以满足"共地".调节方波的频率,使得其半周期远大于 RC 电路的时间常数 τ.根据式(19.4),由 u_C 测量时间常数 τ,并测定电容数值.

3. 根据电容容抗和频率的关系,测定电容.

(1) 电路如图 19-4,信号源输出正弦波.用数字万用电表的交流电压量程分别测量 u_C,u_R 的有效值,根据式(19.7)计算电容数值.电容 C 约为 $0.06\,\mu\text{F}$,电阻 R 为 $10\,\text{k}\Omega$,信号源输出电压(有效值)为 $U = 2\,\text{V}$,信号源频率为 $f = 200\,\text{Hz}$.

*(2) 观察电容的容抗随频率变化的规律.保持信号源输出电压 U 不变,改变频率 f,分别取 $100\,\text{Hz},1000\,\text{Hz}$,观察并测量 u_C,u_R.根据实验结果,说明电容容抗随频率变化的规律.

实验二十　黑　盒　子

【目的要求】

1. 学习依据不同类型电学元件的特性对元件进行判别；
2. 进一步熟悉示波器、信号发生器、数字万用电表等仪表的使用；
3. 培养设计检测步骤和综合分析推理的能力.

【仪器用具】

示波器,信号发生器,数字万用电表(没有测量电容的专用量程),电阻箱,密封元件盒子(也称为黑盒子),开关,导线.

【实验原理】

黑盒子是判定电学元件实验中使用的密封元件盒,盒里的元件可能是：干电池、定值电阻、电容器、半导体二极管.盒外可见的两接线端之间也可能为断路或短路(即由导线连接)的情况.各元件连接在接线端上,两个接线端之间最多接一个元件,元件之间不连成并联回路,因此元件的分布应是唯一的.实验过程不得自行打开盒子,要求设计实验方案和检测步骤,判定盒内元件.

实验中常用的黑盒子有两种类型：一种是每个盒子只有两个接线端,即盒内仅有一个元件；另一种是每个盒子有多个接线端,例如有四个接线端,即盒内有三个元件,为了便于检测判断,在接线端旁边写有编号,如图 20-1 所示.

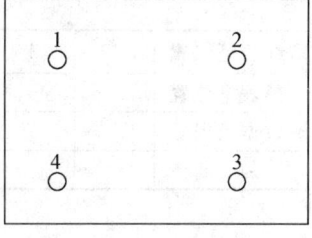

图 20-1　黑盒子面板示意图

上述两种黑盒子,检测的主要步骤和方法是一样的,即根据不同元件具有不同的电学特性,首先判断元件类型和位置,再进一步确定元件的物理量数值.通常采用的检测方法和步骤如下：

(1) 确定盒中是否有电池.

只有确认盒中没有电池之后,才可以使用数字万用电表的电阻量程进行检测,这样就不会由于外加电压使仪表受损.

使用数字万用电表的直流电压量程进行检测,当表笔接到两个接线端,如果显示出一定的电压,则判定盒中为电池,从显示数值的正负号可以判断电池的正负极.注意,显示的是电表红表笔接触的电池极性.

(2) 判定盒中是否有二极管.

用数字万用电表的电阻量程进行测试,对两个接线端交换表笔各测一次.

如果两次检测电阻值差别很大,则判定盒中元件为二极管,由此也可以区分二极管的正负极.使用数字万用电表检测二极管的专用量程进行检测,可测得二极管的正向导通压降.

如果正反向电阻值相等,可知检测元件是电阻.

如果正反向测量结果都是无穷大,则需要按下述方法再作进一步判断.

(3) 判定盒中是否有电容器.

使用数字万用电表的欧姆量程测量电阻时,接通了电表内的电池.因此使用数字万用电表的欧姆量程,利用电容充放电的特性,可粗略判断检测元件是否为电容.

使用数字万用电表的欧姆量程检测电容.检测时如果看到示值慢慢增大,直到示值最高位为"1",表示测值超过量限;短路放电后,重复检测都可以看到此现象,可粗略判断检测元件为电容.检测时应注意选择合适的量程,一般选择 $200\,\text{k}\Omega$ 欧姆量程检测几十微法电容时,充放电现象较明显.如果电容数值较小或者量程选择不当,会导致现象不明显.

初步判断盒内元件为电容后,可串联电阻箱组成 RC 电路,参考实验十九介绍的方法,进一步观察判断,并测定电容数值.

用上述方法,也可以鉴别出两接线端之间是连有电容还是处于断路状态.

(4) 区分小电阻和短路.

在检测电阻时,如果使用的欧姆量程较大,可能无法区分小电阻和短路,应换用最小欧姆量程($200\,\Omega$)测试.测量前应注意检测电表的短路电阻数值.

(5) 对于盒内有多个元件的黑盒子的判断.

对于内有多个元件的黑盒子,元件分布的可能性要比单个元件的黑盒子多,判断时遇到的情况也会复杂得多.例如,对于图 20-1 中的黑盒子,用数字万用电表的电阻量程在接线端"2","4"间测得电阻不为零,不能据此就简单认定在"2","4"之间接有电阻;也可能在接线端"4"中,"1","2"(或者"4","3","2")之间接有两个电阻,再考虑到可能有其他类型的元件,情况将更加复杂.因此必须经过多次测量,随时记录分析测试结果,然后再加以综合判断,才能得到正确结论.检测时可采用下表来记录检测结果:

红表笔位置	1	2	1	3	1	4	2	3	2	4	3	4
黑表笔位置												
数据及现象												
判　　断												

【实验内容】

自行设计合理而又简捷的程序,对给出的黑盒子进行测试,判定盒中元件类型,并写出测试记录和作出判定的依据.对于电池,要判定其正负极,并测出其电动势.对于二极管,要判定其正负极,并测出二极管的正向导通压降.如果判断元件为电容和电阻,要求测出其数值.

【思考题】

1. 使用数字万用电表的电阻量程测试二极管,当呈现低阻值时,与哪个表笔接触的一端是二极管的正极?为什么?

2. 如果黑盒子中装的是一个电解电容器,其电容值为几百到上千微法,应怎样判定电容的正负极?

实验二十一 测量温度传感器的温度特性

【目的要求】

1. 测量铂(Pt)电阻温度传感器的温度特性；
2. 学习用恒电流法测量电阻；
3. 了解 pn 结温度传感器的温度特性.

【仪器用具】

铂电阻温度传感器，pn 结温度传感器，数字温度计，恒流源，数字万用电表两块，电阻箱，恒温系统，导线，开关等.

【实验原理】

1. 传感器、非电量测量和温度传感器

我们生活的世界是由物质组成的，物质的运动形式可以通过化学或物理现象表现出来. 表征物质特性或其运动形式的物理量很多，根据物质的电特性，可以分为电量和非电量两类. 电量是指物理学中的电学量，例如电压、电流、电阻、电容、电感等. 非电量则包括温度、压力、流量、长度、位移量、重量、速度、加速度、转速、浓度等. 非电量与我们的生活、工作密切相关，而在计算机控制的自动化检测系统中要求输入信息为电学量. 通常将非电量转换成电量进行测量，这种测量方法称做非电量的电测法，实现这种转换的器件则称做传感器. 通过传感器可以将温度、压力、湿度等非电量转换为电压等电学量进行检测，因此传感器技术也经常被称做非电量测量. 作为现代信息技术的基础，传感器技术越来越广泛地应用在自动检测及控制系统中.

温度是个重要物理量，它不仅和我们的生活环境密切相关，在科研生产中也经常需要检测、控制，因此温度传感器应用十分普遍. 温度传感器是利用一些金属、半导体等材料与温度相关的特性制成的. 这些特性包括热膨胀、电阻、电容、磁性、热电势、热噪声、弹性及光学特性等.

物质的电阻率随温度变化而变化的现象称为热电阻效应. 当温度变化时，导体或半导体的电阻值随温度变化. 这样，在一定温度范围内，我们可以通过测量电阻阻值变化得知温度的变化. 根据热电阻效应制成的传感器叫做热电阻传感器. 热电阻传感器按电阻-温度特性的不同可分为金属热电阻和半导体热电阻两大类. 一般把金属热电阻称为热电阻，而把半导体热电阻称为热敏电阻.

金属的电阻值随温度的升高而增大，但半导体却相反，它的电阻值随温度的升高而急剧减小，并呈现非线性，如图 21-1 所示.

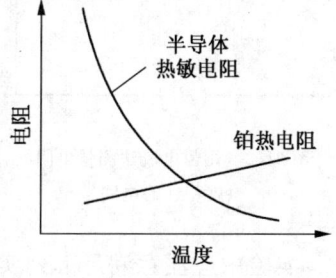

图 21-1 金属和半导体电阻的温度特性

在使用传感器时，需要检测输入的非电量(如温度、压力等)和输出的电学量的关系，而检测输入输出物理量之间的线性关系尤其重要. 当线性关系不理想时，通常采用一定方法或是在一定条件下使用传感器，以改善输入输出物理量的线性关系．

本实验用到的温度传感器是铂电阻温度传感器和 pn 结温度传感器．

2. 铂电阻温度传感器

铂金属的主要优点是物理化学性能稳定，并且易于提纯，便于加工，其缺点是温度系数较小．使用铂金属可制成铂电阻温度传感器，它具有准确度高、灵敏度高、稳定性好等优点，是一种常用的温度传感器，适用于 $-200\sim650\ ℃$ 范围的温度测量．在国际实用温标中，铂电阻还作为 $-259.34\sim630.74\ ℃$ 的温度基准．

铂热电阻的阻值与温度之间近似为线性关系，当温度 T 在 $-200\sim0\ ℃$ 之间时，其特征方程为

$$R_T = R_0[1+AT+BT^2+C(T-100\ ℃)T^3],$$

当温度在 $0\sim650\ ℃$ 之间时为

$$R_T = R_0(1+AT+BT^2), \tag{21.1}$$

式中 R_T，R_0 分别为铂电阻在温度 T，$0\ ℃$ 时的电阻值，A,B,C 为温度系数，对于常用的工业铂电阻，

$$A = 3.90802\times10^{-3}\ /℃,$$
$$B = -5.80195\times10^{-7}\ /℃^2,$$
$$C = -4.27350\times10^{-12}\ /℃^3.$$

实验中采用 Pt100 型的铂电阻温度传感器，$T=0\ ℃$ 时，$R_0=100\ \Omega$；$T=100\ ℃$ 时，$R_T=138.5\ \Omega$．在 $0\sim100\ ℃$ 范围内，式 (21.1) 可近似为

$$R_T = R_0(1+A_1T), \tag{21.2}$$

A_1 是温度系数，近似为 $3.85\times10^{-3}/℃$．

使用铂电阻测温时，先测得某一温度下铂电阻温度传感器的电阻值，再根据相关公式可算出相应温度．

3. 用恒电流法测量电阻

实验采用恒电流法测量铂电阻的电阻温度特性，电路如图 21-2 所示．电源采用恒流源，R_1 为已知数值的固定电阻，R_T 为铂电阻．U_1 为 R_1 上的电压，U_T 为 R_T 上的电压，当电路电流为 I_0，环境温度为 T 时，铂电阻的阻值 R_T 为

$$R_T = \frac{U_T}{I_0} = \frac{R_1U_T}{U_1}. \tag{21.3}$$

U_1 用于监测电路的电流，当电路电流 I_0 恒定时，则只要测出电阻两端电压 U_T 即可知道被测电阻阻值．

实验时，固定电路电流 I_0 不变（U_1 不变），测量不同温度 T 时的铂电阻阻值，将测量数据作 R_T-T 图，并进行拟合，即可得到铂电阻温度传感器温度系数．

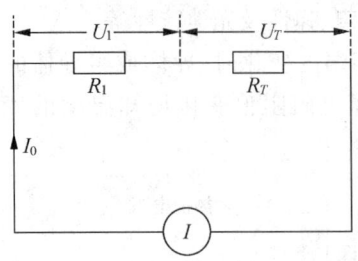

图 21-2 用恒电流法测量电阻温度特性的电路

实验中应注意满足下列实验条件：

（1）保持电路电流恒定；

（2）检测用的电压表内阻应远大于被测电阻；

(3) 控制通过传感器的电流,不得过大,否则会引起电阻的自热效应,影响测温精度;

(4) 测量时应保持系统恒温,并保证测量温度的数字温度计探头和铂电阻温度传感器处在同一温度下.

【仪器描述】

1. 直流恒电流源

直流恒电流源(也称为恒流源)和前面介绍过的直流稳压电源不同,当负载电阻 R 在一定范围内变化时,恒流源的输出电流 I 保持不变. 其主要规格有:最大输出电压、输出电流范围、电流稳定度等.

2. 恒温系统

使用方法见实验所用仪器说明书.

3. 铂电阻温度传感器

传感器外壳采用不锈钢,测量时应使传感器敏感部位(前端 10 mm 以内)与被测物体贴紧,以保证快速准确测量. 测量液体温度时,应使传感器的 80% 浸入液体内. 仪器响应时间一般为几秒至几十秒,待数字稳定或显示温度与温度变化同步时方可读值.

4. 数字温度计

实验用数字温度计一般使用 pn 结温度传感器或铂电阻温度传感器,显示为三位半(或四位半). 数字温度计的主要规格包括:测温范围,测温精度和分辨率. 实验用数字温度计的规格及使用方法请参看实验仪器说明书.

【实验内容】

1. 观察铂电阻的温度特性.

用数字万用电表测量 Pt100 铂电阻温度传感器在室温下的阻值. 用手握住传感头,观察阻值变化.

2. 为学习恒流源的使用,作下列模拟实验.

将一电阻箱(取 $R=1\text{k}\Omega$)连到输出端,并串入电流表监测电流变化. 打开恒流源开关,调节输出电流为 $I_0=1\text{mA}$. 改变电阻数值,由 $0\rightarrow 10\text{k}\Omega$,观察电流变化.

3. 连接电路.

连接电路如图 21-2. 用电阻箱作标准电阻 R_0,取 $R_0=100\,\Omega$,I_0 取 1 mA;用两块数字万用电表分别测量 U_1,U_T. 检查电路后接通电源,观察 $I_0(U_1)$ 和 U_T 示值是否正常. 用手握住铂电阻,观察 U_T 变化.

4. 测量铂电阻的温度特性.

将铂电阻及数字温度计的传感头放入恒温系统中,用数字温度计测量温度.

(1) 测量室温条件下的 T 和 U_T. 将铂电阻及数字温度计的传感头置于盛有室温水的容器中,待温度稳定后开始测量.

(2) 测量 $T=0$℃时的 T 和 U_T. 将铂电阻及数字温度计的传感头放入冰水混合物中进行测量.

(3) 改变温度,测量 T 和 U_T.

(4) 对实验数据作线性拟合,求出 0~100℃之间的温度系数 A_1.

5. 用铂电阻测温电路测量人体温度.

通过实验电路测定铂电阻的温度系数,实际上这也是一个铂电阻测温电路.经过上述校正测量,确定了铂电阻的温度系数,就可以用实验电路进行温度测量.要求用自组铂电阻测温电路测量人体温度,与使用数字温度计测量的结果值进行比较.

【思 考 题】

1. 实验中有哪些因素会引起测量误差?
2. 为什么强调温度传感器要在恒定小电流条件下使用?

【设计实验】

测量 pn 结温度传感器的温度特性

由 pn 结构成的二极管和三极管的伏安特性对温度有很大的依赖性,利用这一点制成了 pn 结温度传感器(温敏二极管)和晶体管温度传感器. pn 结温度传感器输出特性呈线性,测温精度高,在科研生产中广泛应用.

由实验十六可知,在常温条件下,且 $U>0.1$ V 时,二极管的正向电流 I 与正向电压 U 近似满足下式:

$$I = I_s e^{qU/kT}. \tag{21.4}$$

在测温时,令正向电流 I 保持恒定(通常取 $I=100\ \mu\text{A}$),则从式(21.4)即可得到 U,T(单位为℃)近似满足下列线性关系:

$$U = KT + U_{g0}, \tag{21.5}$$

式中 U_{g0} 为半导体材料参数,$K=-2.3$ mV/℃,即温度每升高 1℃,U 减小约 2.3 mV. 这就是 pn 结温度传感器的测温原理.

以 SN2204 数字温度计配套的 pn 结温度传感器为实验样品,其性能如下:最大反向工作电压为 100 V;反向电流为 25 nA;最大正向工作电流为 10 mA;最大正向工作电压为 1.0 V.

本实验要求:

1. 测量 pn 结温度传感器的正向伏安特性.
2. 在恒定小电流条件下,测量 pn 结温度传感器的正向电压和温度的关系,并测定 pn 结温度传感器的温度系数.

实验二十二 测量热敏电阻的温度特性

【目的要求】

1. 测量 NTC 型热敏电阻的温度特性；
2. 了解 PTC 型热敏电阻的温度特性；
3. 学习用作图法处理非线性数据.

【仪器用具】

NTC 型热敏电阻，PTC 型热敏电阻，数字温度计，恒流源，恒温系统，数字万用电表两块，电阻箱，冰水混合物，导线，开关等.

【实验原理】

1. 热敏电阻的类型和特点

热敏电阻是用半导体材料制成的热敏器件，根据其电阻率随温度变化的特性不同，大致可分为三种类型：(1) NTC(负温度系数，全称 negative temperature coefficient)型热敏电阻；(2) PTC(正温度系数，全称 positive temperature coefficient)型热敏电阻；(3) CTC(临界温度系数，全称 critical temperature coefficient)型热敏电阻. 这三种热敏电阻的电阻率随温度变化曲线见图 22-1. 热敏电阻的结构和符号见图 22-2.

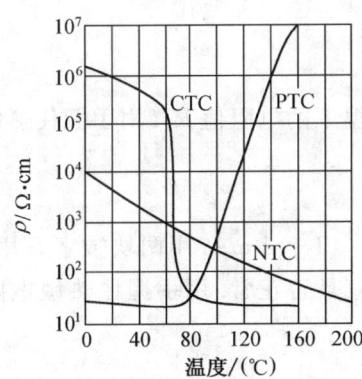

图 22-1 三种热敏电阻的温度特性

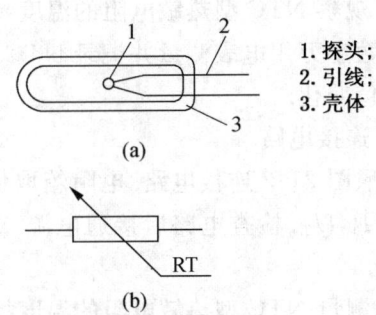

图 22-2 热敏电阻的结构(a)和符号(b)

由图 22-1 可知，PTC 型和 CTC 型热敏电阻在一定温度范围内，阻值随温度剧烈变化，因此可用做开关元件. 在温度测量中使用较多的是 NTC 型热敏电阻，实验中将测量其电阻温度特性.

2. NTC 型热敏电阻特性

NTC 型热敏电阻是具有负的温度系数的热敏电阻，即随着温度升高其阻值下降，其电阻-

温度特性符合负指数规律.在不太宽的温度范围内(小于 450 ℃),NTC 型热敏电阻的电阻-温度特性满足下式:

$$R_T = R_0 e^{B\left(\frac{1}{T} - \frac{1}{T_0}\right)}. \tag{22.1}$$

式中 R_T, R_0 是温度为 $T(K), T_0(K)$ 时的电阻值(K 为热力学温度单位开[尔文]);B 是热敏电阻材料常数,B 一般情况为 2000~6000 K.

定义 α 为热敏电阻的温度系数,

$$\alpha(T) = -\frac{B}{T^2}, \tag{22.2}$$

如果 $B=4000$ K,当 $T=20$ ℃(即 293.15 K)时,热敏电阻的 $\alpha(T)=4.7\%/$℃,约为铂电阻的 12 倍.热敏电阻由于温度改变引起阻值的变化较大,而且体积小,因此适合测量微弱温度变化.由式(22.2)可见,$\alpha(T)$随温度降低而迅速增大,因此热敏电阻的非线性十分显著,在使用时一般要对其进行线性化处理.

在使用热敏电阻应注意:

(1) 热敏电阻只能在规定的温度范围内工作,否则会损害元件,导致性能不稳定.

(2) 作为温度传感器,同样应尽量避免热敏电阻自身发热,因此在测量时流过热敏电阻的电流必须很小.

实验中仍采用恒电流法测量热敏电阻的电阻温度特性,实验电路请参看图 21-2.测得不同温度下的 R_T 值,作 R_T-T 曲线,注意其指数关系.为求得常数 B,可以对实验数据进行线性化处理,即对式(22.1)两边取对数,得

$$\ln R_T = B\left(\frac{1}{T} - \frac{1}{T_0}\right) + \ln R_0, \tag{22.3}$$

由上式可见,$\ln R_T$ 与 $1/T$ 成线性关系,作 $\ln R_T$-$(1/T)$ 曲线,用直线拟合即可求出常数 B.

【实验内容】

1. 观察 NTC 型热敏电阻的温度特性.

用数字万用电表测量并记录 NTC 型热敏电阻在室温下的电阻值 R_T.用手握住热敏电阻,观察阻值变化.

2. 连接电路.

参照图 21-2 连接电路.电阻箱取值为 $R_1 = R_T|_{T=20℃}$,$I_0 = 1$ mA.用两块数字万用电表分别测量 I_0, U_T.检查电路后接通电源,观察 I_0 和 U_T 示值是否正常.用手握住热敏电阻,观察 U_T 变化.

3. 测量 NTC 型热敏电阻的温度特性.

先将 NTC 型热敏电阻及数字温度计的传感头用金属丝捆绑在一起放入玻璃管里,再置入恒温系统中,待温度稳定后开始测量.

(1) 测量室温条件下的温度 T 和 U_T.

(2) $T=0$ ℃时,记录 T 和 U_T.

(3) 改变温度,测量 T 和 U_T.

4. 数据处理.

(1) 将测量结果作 R_T-T 图,根据曲线说明 NTC 型热敏电阻的温度特性.

(2) 对测量数据作 $\ln R_T$-$(1/T)$ 图,求出热敏电阻的常数 B.

【设计实验】

测量 PTC 型热敏电阻的电阻-温度特性

PTC 型热敏电阻的电阻-温度特性见图 22-1. 在达到突变温度前,其电阻-温度特性近似满足式(22.1),在突变后近似满足

$$R_T = R_0 e^{A(T-T_0)}, \tag{22.4}$$

其中在一定的温度范围内 A 近似为常数. 电阻-温度特性发生突变的温度称做居里温度.

PTC 型热敏电阻的这一温度特性,在一些小家电产品制作上得到了应用,例如用于电蚊香加热用的陶瓷片以及电热毯、暖手炉等. 开始加热时,PTC 型材料有负的温度系数,随着温度升高其阻值下降,产生较大的加热电流,温度迅速上升;达到居里温度后,PTC 型材料的温度系数变为正值,其阻值急剧增大,电路电流急剧下降. 周而复始令温度趋于居里温度附近,达到热平衡.

自行设计电路,安排实验步骤,测量 PTC 型热敏电阻(其居里温度低于 100 ℃)的电阻-温度特性,测温范围为 0~100 ℃.

实验二十三 用霍尔效应测量磁场

【目的要求】

1. 了解霍尔效应的基本原理；
2. 学习用霍尔效应测量磁场.

【仪器用具】

霍尔效应仪,稳流电源,稳压电源,安培表,数字万用电表两块,电阻箱等.

【实验原理】

1. 霍尔效应

将通有电流的导体置于磁场 B 之中,磁场 B(沿 z 轴)垂直于电流 I_H(沿 x 轴)的方向, 如图 23-1 所示,在导体中垂直于磁场 B 方向和电流 I_H 方向上会产生一个横向电势差 U_H. 这种物理现象是美国物理学家霍尔在 1879 年发现的,因此称为霍尔效应.

霍尔效应对于金属来说并不明显,但是对于半导体却非常显著. 利用霍尔效应可以判断半导体材料的导电类型,测定载流子浓度等重要参数,因此霍尔效应是研究半导体材料的重要手段. 利用霍尔效应可以制成磁敏传感器,用来测量磁场,还可以测量位置、位移、转速等物理量.

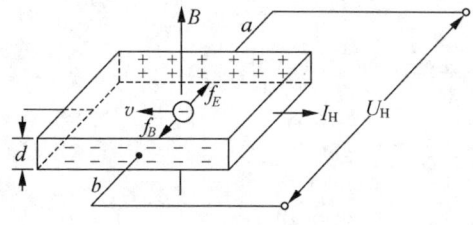

图 23-1 霍尔效应原理图

霍尔效应的原理如下：如图 23-1 所示,将一块 n 型半导体材料(其载流子为电子)放入磁场中,当电流 I_H 通过时,垂直磁场对运动电荷会产生洛伦兹力 f_B,

$$f_B = qvB, \tag{23.1}$$

式中 q 为电子电荷, v 是半导体中带电粒子(此处为电子)的运动速度, B 为外磁场的磁感应强度. 洛伦兹力使带电粒子产生横向偏转,由于样品有边界,偏转的电荷在边界积累起来,产生一个横向电场 E. 电场对电荷产生作用力为 f_E,

$$f_E = qE_H, \tag{23.2}$$

式中 E_H 为静电场的电场强度. f_E 阻止带电粒子继续偏移. 当 $f_E = f_B$ 时,电荷积累达到动态平衡,在样品的两侧将形成电势差 U_H,称做霍尔电势. 霍尔电势与通过霍尔元件的电流 I_H 和磁场强度 B 有线性关系：

$$U_H = K_H I_H B. \tag{23.3}$$

U_H 为霍尔电势; I_H 为霍尔电流; K_H 为比例系数,称为霍尔元件灵敏度,单位为 mV/(mA·T).

一般要求 K_H 愈大愈好. K_H 与半导体材料的载流子浓度及厚度 d 有关,也常写做 $K_H = R_H/d$,其中 R_H 称为霍尔系数,它由材料性质决定. 对于 n 型(电子型)半导体, $R_H = 1/nq$;对于 p 型(空穴型)半导体，$R_H=1/pq$. 式中 n, p 分别为 n 型半导体和 p 型半导体的载流子浓度. K_H 与片厚度 d 成反比，因此霍尔元件都做得很薄，一般只有 0.2 mm 厚，使用时应特别小心.

2. 用霍尔效应测量电磁铁的磁场

由式(23.3)可知，如果已知霍尔片的灵敏度 K_H，只要分别测出霍尔电流 I_H 及霍尔电势 U_H，就可算出磁场 B 的大小，这就是霍尔效应测磁场的原理.

利用霍尔效应制成磁敏传感元件，可以把磁信号转换成电信号，测出磁场中各点的磁感应强度. 由于霍尔效应建立电场所需时间很短(约 $10^{-12}\sim10^{-14}$ s)，因此通过霍尔元件的电流采用直流或交流都可以. 利用霍尔效应能测量交、直流磁场，是这种方法的优点. 以此原理制成的特斯拉计能简便、直观、快速地测量磁场.

实验电路如图 23-2 所示. 直流电源 E_1 为电磁铁提供励磁电流 I_M，通过变阻器 R_1 可以调节 I_M 的大小. 电源 E_2 通过可变电阻 R_2(用电阻箱)为霍尔元件提供电流 I_H，当 E_2 为直流电源时，用数字万用电表的直流电流、电压量程分别测量霍尔电流和霍尔电势；当 E_2 为交流电源时，则使用数字万用电表的交流电流、电压量程进行测量.

半导体材料有 n 型和 p 型两种，前者载流子为电子，带负电；后者载流子为空穴，相当于带正电的粒子. 图 23-1 所示的半导体材料如为 n 型，

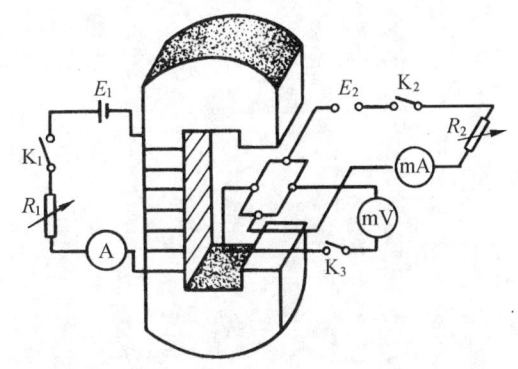

图 23-2 用霍尔效应测量磁场实验电路

则接点 a 的电位高于接点 b 的电位，即 $U_{Hab}>0$；如果是 p 型半导体材料，则接点 a 的电位低于接点 b 的电位，即 $U_{Hab}<0$. 因此，如果知道载流子类型，根据 U_H 的正负即可以定出待测磁场的方向.

【实验内容】

1. 测量霍尔电流 I_H 与霍尔电势 U_H 的关系.

连接实验电路如图 23-2，用两块数字万用电表分别测量霍尔电流和相应的霍尔电势. 将霍尔片置于电磁铁中心处，励磁电流 $I_M=0.6$ A，调节直流稳压电源 E_2 及制流电阻 R_2，使霍尔电流 I_H 分别为 0，2 mA，4 mA，6 mA，8 mA，10 mA，测出相应的霍尔电势. 作 U_H-I_H 图，验证 I_H 与 U_H 的线性关系.

2. 测量励磁电流和磁场强度的关系.

霍尔电流 $I_H=10$ mA，通过电磁铁线圈的励磁电流 I_M 从零每隔 0.2 A 增加到 1.0 A，测量霍尔电势. 由 K_H 计算磁场 B，从而得到磁场与励磁电流的关系 B-I_M 曲线.

励磁电流由稳流电源供给，在整个测量过程中注意保持稳流状态.

3. 测量电磁铁磁场沿水平方向的分布.

令励磁电流为 $I_M=0.6$ A，霍尔电流为 $I_H=10$ mA. 调节支架旋钮，使霍尔片从电磁铁中心处移到支架的左端，再由左向右慢慢进入电磁铁间隙间，依次测量磁场在水平(x 轴)方向的分布，x 的位置由支架上的水平标尺读出，并作 B-x 曲线.

4. 注意事项.

(1) 霍尔片又薄又脆，切勿用手摸.

(2) 霍尔片允许通过电流很小，切勿与励磁电流接错！

(3) 电磁铁通电时间不要过长，以防电磁铁线圈过热影响测量结果．

【思 考 题】

判断霍尔片上的磁场方向，并以简图示意．

实验二十四　测量光敏电阻的光电特性

【目的要求】

1. 了解光电导型光电传感器特点；
2. 测量光敏电阻的光电特性.

【仪器用具】

光敏电阻,直流电源,小灯泡(6 V,0.15 A),数字万用电表两块,电阻箱,电位器,实验暗箱等.

【实验原理】

光电式传感器是以光电器件作为转换元件的传感器,它可以用于检测直接引起光量变化的非电量,也可用于检测能转换成光量变化的其他非电量.光电式传感器具有响应快、性能可靠、能实现非接触测量等优点,因而在检测和控制领域获得广泛应用.

基于光电效应原理工作的光电转换元件称为光电器件或光敏元件.光电效应一般分为外光电效应、光电导效应和光生伏打效应(简称光伏效应),相对应的光电器件也有以下三种类型：光电发射型、光电导型和光伏型.本实验介绍光电导型光电器件.

大多数的高电阻率半导体受光照射吸收光子能量后,产生电阻率降低而易于导电的现象,这种现象称为光电导效应.这里没有电子自物质内部向外发射,仅改变物质内部的电阻,因此光电导效应属于内光电效应.光敏电阻就是基于光电导效应原理工作的半导体光电器件.

1. 光敏电阻

光敏电阻的结构如图 24-1 所示.先在绝缘衬底上均匀地涂一层具有光电导效应的半导体材料,作为光电导层,在光电导层薄膜上蒸镀金属形成梳状电极,然后接出引线并用带有玻璃的外壳严密地封装起来,以减少潮湿对灵敏度的影响.光敏电阻的灵敏度高,体积小,重量轻,性能稳定,价格便宜,因此在自动化技术中应用广泛.

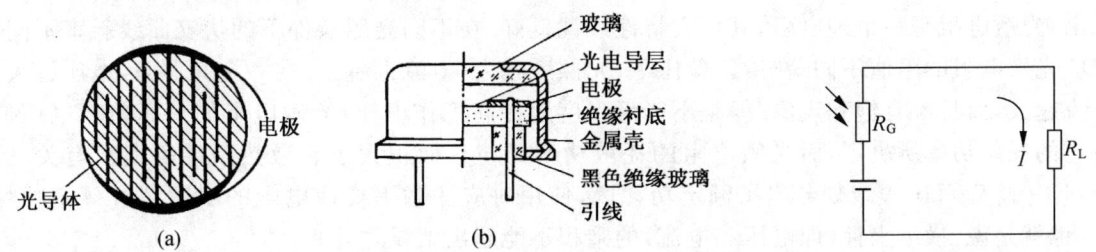

图 24-1　光敏电阻的结构图 (a)和封装图(b)　　　　图 24-2　光敏电阻基本应用电路

在受到光照时,光敏电阻的电阻值下降,光线越强,阻值越低；光照停止,阻值又恢复原值.光敏电阻的基本应用电路如图 24-2 所示,在外加电压(直流偏压或交流电压)作用下,电路中的电流及其在负载电阻 R_L 上的压降将随光线强度变化而变化,这样就将光信号转换成了电信号.

在室温条件下,光敏电阻在全暗后经过一段时间测得的电阻值,称为暗阻 R_d;此时在给定工作电压下流过光敏电阻的电流称为暗电流 I_d.

光敏电阻在某一光照条件下的阻值,称为该光照下的亮电阻 R_b;此时流过光敏电阻的电流称为亮电流 I_b.亮电流和暗电流之差为光电流 I_L:

$$I_L = I_b - I_d. \tag{24.1}$$

亮阻和暗阻之差越大,说明光敏电阻的性能越好,灵敏度越高.实用光敏电阻的暗阻一般在兆欧数量级,亮阻在几千欧以下,暗阻和亮阻之比 $K_R = R_d/R_b$ 一般在 $10^2 \sim 10^6$ 之间.

2. 光敏电阻的光照特性和伏安特性

了解光电器件的基本特性对于合理选用光电器件非常重要,这里只介绍光敏电阻的光照特性(也称光电特性)和伏安特性.

当光电器件电极上的电压一定时,光电流 I_L 与入射到光电器件上的光照度 E 之间的关系称为光照特性.光敏电阻的光照特性如图 24-3 所示,图中入射光照度 E 的单位是 lx. 由图中可以看出,光敏电阻灵敏度高,但是其光照特性为非线性,一般不宜做测量元件,在自动控制中多用做开关元件.例如,照相机里的电子快门电路和路灯自动控制电路都使用光敏电阻作为光电传感元件.

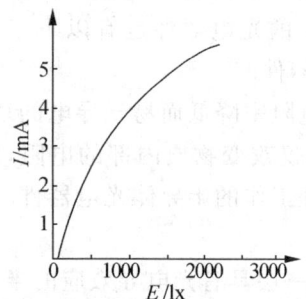

图 24-3 硫化镉光敏电阻的光照特性

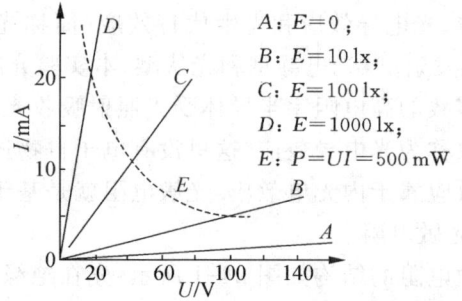

图 24-4 硫化镉光敏电阻的伏安特性

在一定光照下,光敏电阻的电流 I 与所加电压 U 的伏安特性如图 24-4 所示.从图中可以看出,光敏电阻是一个纯电阻,其伏安特性线性良好.在不同光照条件下的伏安曲线斜率不同,相应光敏电阻的阻值不同.在给定偏压下,光照度越大,电流也越大.在一定光照下,电压越大,电流越大,而且没有饱和现象.但是不能无限度地提高工作电压,光敏电阻的最高使用电压要由它的耗散功率所决定,而光敏电阻的耗散功率又与其面积大小和散热条件等因素有关.图 24-4 中的 $P=UI$ 虚线划分出了额定功耗区,使用时应注意不要使电阻的功率超过额定功耗区(也就是说,横纵坐标(即电压和电流)的乘积不能超出虚线之外).

使用光敏电阻时还需要注意元件的光谱特性、温度特性和频率特性,以及使用注意事项.例如,光源光谱特性必须与光敏电阻的光敏特性相匹配;要防止光敏电阻受到杂散光的影响等.

3. 点光源的距离平方反比定律

任何一个光源都可以看做是由一系列点光源组合而成的. 当一个光源的发光部分远远小于光源到测量点的距离时,可以将这个光源近似看做点光源. 均匀点光源向空间发射光波时遵循距离平方反比定律:点光源在传播方向上某一点的照度 E 和该点到光源的距离 r 的平方成反比.

如果点光源在某一方向上单位立体角 $d\Omega$ 内发出的光通量为 $d\Phi$,则 $E = d\Phi/d\Omega$. 在垂直光传播方向单位面积上的照度 E 与光源的发光强度 I 成正比,与该点到光源的距离 r 的平方成反比:

$$E = I/r^2. \tag{24.2}$$

光通量 Φ 的单位是 lm[①],照度 E 的单位是 lx,发光强度 I 的单位是 cd[②].

在实验中测量光电元件的光照特性时,可利用上述点光源的距离平方反比定律,调控入射光照度. 将小灯泡近似看做为点光源,如果探测器与光源的距离足够远,且探测器的受光面垂直于光传播方向,点光源的发光强度不变,可以近似认为,探测器接受到的光照度随距离 r 的平方衰减.

【实验内容】

在进行光电实验时,可将实验仪器用具置于一个实验暗箱中,这样可以屏蔽杂散光对实验的影响.

1. 用数字万用电表测量光敏电阻阻值,并观察光敏电阻特性.

分别测量室内光照明条件、闭光和强光照射下的光敏电阻阻值. 用手靠近光敏电阻时,其阻值是否有变化,为什么?

2. 在闭光条件和见光条件下测量光敏电阻的伏安特性曲线.

测量电路如图 24-2,R_G 是光敏电阻,R_L 是负载电阻,用小灯泡作为光源,固定小灯泡和光敏电阻的距离,即在某一光照条件下进行测量;用电阻箱作为负载电阻,用数字万用电表分别检测光敏电阻上的电压和负载电阻的电压 U_{R_L},通过 U_{R_L} 算出光敏电阻的电流.

分别测量光敏电阻在闭光条件和见光条件下的伏安特性曲线.

根据测量数据算出光敏电阻的暗阻和亮阻值.

3. 测量光敏电阻的光照特性(相对).

以小灯泡为光源,固定小灯泡的电流,使光源发光强度恒定;调整探测器的接受面和光源发光方向垂直;改变光敏电阻和光源的距离,观测 U_{R_L} 的变化. 以实验结果说明光敏电阻光照的非线性特性.

---

① "lm"是流[明]的单位符号.
② "cd"是坎[德拉]的单位符号.

实验二十五 研究光伏探测器的光电特性

【目的要求】

1. 观测光电二极管的光电特性；
2. 观测光电池的光电特性．

【仪器用具】

光电二极管，光电池，直流电源，小灯泡(6 V，0.15 A)，数字万用电表两块(其中一块表有直流电流 200 μA 量程)，电阻箱(电位器)，实验暗箱等．

【实验原理】

1. 光伏效应

当光照射在 pn 结上时，由光子所产生的电子与空穴将分别向 n 区和 p 区集结，使 pn 结两端产生光生电动势．这一现象称为光伏效应，如图 25-1 所示．利用半导体 pn 结光伏效应可制成光伏探测器，常用的光伏探测器有光电池、光电二极管、光电三极管等．

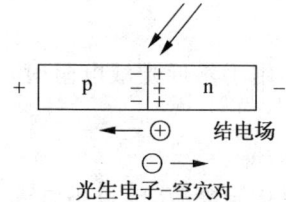

图 25-1 pn 结光伏效应原理图

光电池是根据光伏效应制成的 pn 结光电器件．不需要加偏压就可以把光能转化为电能．光电池的用途，一是用做探测器；二是作为太阳能电池，将太阳能转化为电能．光电池的结构示意图及应用电路如图 25-2 所示．

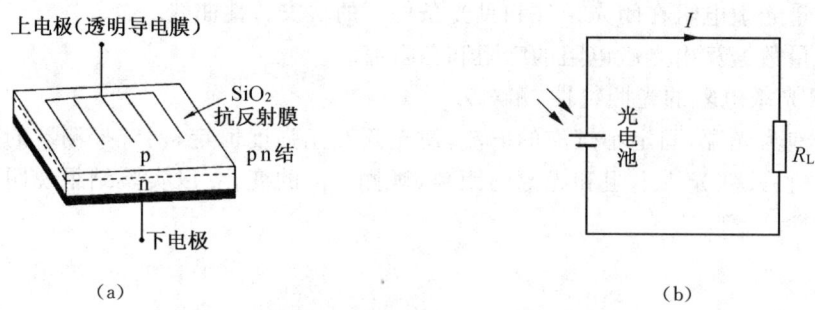

图 25-2 光电池的结构示意图(a)及基本应用电路(b)

光电池的光照特性主要有伏安特性、入射光强-电流(电压)特性和入射光功率-负载特性．

2. 光照下的 pn 结特性

光照下 pn 结的伏安特性曲线如图 25-3 所示．无光照时，伏安特性曲线和普通二极管的一样．有光照时，pn 结吸收光能，产生反向光电流，光照越强，光电流越大．

光伏器件用做探测器时,需要加反偏压或是不加偏压.不加偏压时,光伏器件工作在图 25-3 的第四象限,称为光伏工作模式.加反偏压时,光伏器件工作在图 25-3 的第三象限:无光照时电阻很大,电流很小,有光照时,电阻变小,电流变大,而且电流随光照变化,光照特性类似于光敏电阻,称做光电导工作模式.但是光伏器件和光敏电阻的工作机理不同,特性也有很大差别.

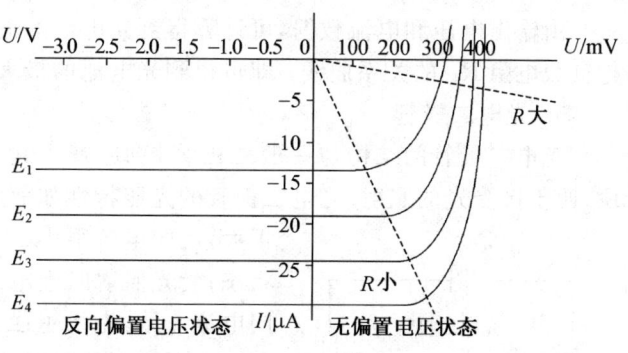

图 25-3 光伏探测器的伏安特性曲线

光电池按照光伏模式工作在图 25-3 的第四象限.有光照时光电池的电流为

$$I = I_L - I_s(e^{qU/kT} - 1),\qquad(25.1)$$

式中 q 为电子电荷量,k 为玻尔兹曼常数,T 为结温(单位为 K),I 为总电流,U 为光电池的输出电压,I_s 为反向饱和电流,I_L 为光电流.光生电流 I_L 与光照有关,随光照的增大而增大,呈线性关系.

3. 光电池的开路电压和短路电流

在 pn 结开路时,总电流为零,光电池的输出电压称为开路电压 U_{oc}.将 $I=0$ 代入式(25.1),即可得到开路电压与光照的对数成正比.如果将 pn 结短路,输出电压为零,将 $U=0$ 代入式(25.1),即可得到短路电流 I_{sc},与入射光照度成正比.从图 25-3 的伏安曲线上也可以得到 U_{oc} 和 I_{sc},伏安曲线与电压轴的交点为开路电压 U_{oc},与电流轴的交点为短路电流 I_{sc}.光电池的短路电流和开路电压与入射光照度的关系如图 25-4 所示.

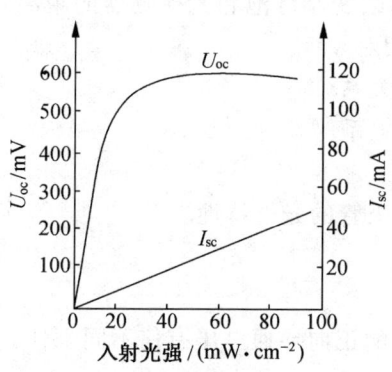

图 25-4 光电池的开路电压、短路电流与入射光强的关系

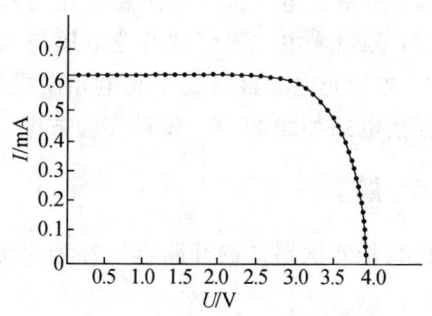

图 25-5 某种材料光电池的光照伏安特性曲线

短路电流 I_{sc} 与入射光强成正比是光电池的一个突出优点,因而在精确测量光强时常用光电池作为光探测器.实际测量时都要外接负载电阻 R_L,当 R_L 相对于光电池的内阻很小时,可以认为接近短路.显然,负载愈小,光电流与照度之间的线性关系愈好,且线性范围愈宽.

4. 光电池的输出功率和负载特性

光电池作为电源使用时,其输出功率与负载电阻 R_L 有关.光电池工作在零偏压下,因此其伏安曲线(图 25-5)是在某一光照下,取不同负载电阻 R_L 测得的输出电压和输出电流绘制而成.

由输出电压和电流数据,可计算得到光电池的输出功率 P 和负载电阻 R_L. 作输出功率 P 与负载电阻 R_L 的关系曲线,即可得到光电池的最大输出功率 P_{max} 及相应的负载电阻 $R_{L,max}$.

5. 光电二极管

光电二极管的结构与一般二极管相似,管子封装在透明玻璃外壳中,它的 pn 结装在管顶,便于接受光的照射. 光电二极管的光照特性如前所述,没有光照时,光电二极管的反向电阻很大,反向电流很小(一般为纳安数量级),光电二极管处于截止状态;受光照射时光电二极管处于导通状态,光电流的方向与反向电流一致,光线越强,光电流越大.

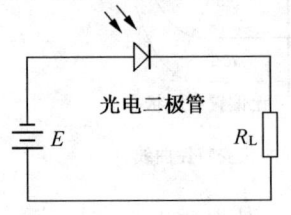

图 25-6　光电二极管基本应用电路

光电二极管可以按光电伏型模式工作(即不加外偏压),也可以按光电导型模式工作. 硅光电二极管通常用做检测元件,工作在负偏压下,其光电线性好,而且响应快,基本应用电安路如图 25-6 所示.

【实验内容】

1. 观察光电二极管的光电特性.

(1) 用数字万用电表二极管测试挡确定光电二极管的正负极.

(2) 使用数字万用电表直流电压量程测量开路电压 U_{oc}. 改变光照条件,观察 U_{oc} 的变化. 用数字万用电表直流电流 $200\,\mu A$ 量程($200\,\mu A$ 挡内阻约为 $1000\,\Omega$)粗测光电流 I. 改变光照条件,观察光电流 I 的变化.

2. 测量光电二极管处于光伏型模式的光电特性.

令光电二极管工作在零偏压下,用电阻箱作为负载电阻,光源使用小灯泡(6.3 V,0.15 A). 固定小灯泡的工作电流,使灯泡的发光强度不变. 改变小灯泡和光探测器的距离,利用照度与 r^2 成反比的关系,测量光电二极管的光电线性(相对).

(1) 测量光电二极管的短路电流与入射光照度的关系.

(2) 测量光电二极管的开路电压与入射光照度的关系.

3. 测量光电二极管处于光电导模式的光电特性.

连接电路如图 25-6. 设计实验方案,测量光电二极管的光电特性.

【思　考　题】

什么是光伏器件的开路电压? 和通常说的二极管的正向导通电压有何不同? 什么是短路电流?

【设计实验】

测量光电池的输出特性

设计实验方案,在某一光照条件下,测量光电池输出电压和电流的关系,并测定最大输出功率.

实验二十六 发光二极管的光电特性

【目的要求】

1. 学习正确使用发光二极管,了解发光二极管的工作原理;
2. 测量发光二极管的伏安特性;
3. 测量发光二极管的正向阈值电压,估算发光波长.

【仪器用具】

发光二极管(红、绿、蓝三色),直流电源,数字万用电表,电阻箱,导线,开关等.

【实验原理】

发光二极管(light emitting diode,简称 LED)是一种注入式电致发光器件,由Ⅲ-Ⅳ族化合物组成,如 GaAs,GaP,GaAsP 等,其核心是 pn 结.它除了具有一般 pn 结二极管的特性外,在一定条件下还具有发光特性.给 pn 结加正向电压时,注入的正向载流子会在 pn 结附近发生电子和空穴复合,同时以光能和热能的方式释放出能量.与普通白炽灯相比较,LED 具有如下特点:功耗低、体积小、寿命长(可达 100 000 h 以上)、驱动电压低、响应速度快.发光二极管和以其作为发光单元的半导体发光器件在数码管、符号管、米字管及点阵式显示屏(简称矩阵管)、照明等领域得到了广泛应用.

1. 发光二极管的伏安特性曲线

发光二极管的伏安特性曲线与普通二极管类似,在正向电压较小时,电流极小,不发光(或发光很弱);当电压超过正向导通阈值电压 U_D 后,正向电流随电压迅速增加,发光二极管发光.由发光二极管的伏安曲线可以了解发光管的有关参数:

(1) 正向阈值电压 U_D. 制作发光二极管的材料不同,正向阈值电压 U_D 也不同.

(2) 正向工作电压 U_F. U_F 大于正向阈值电压 U_D,一般在 1.4~4 V(通常在 I_F=20 mA 时测得).随着环境温度升高,U_F 将下降.

(3) 最大正向直流电流 I_m. 即发光二极管允许通过的最大正向直流电流,超过此值可能会损坏发光管. I_m 一般在 5~20 mA,有的管子可以达到 50 mA.

(4) 反向击穿电压.一般在-5 V 以上.

2. 发光二极管的光谱特性

光源发出的光,通常是由多种波长的光组成的,例如:太阳光和白炽灯发出的光都包含了红、橙、黄、绿、青、蓝、紫多种颜色.可见光的波长为 380~780 nm,超出此范围的是不可见光,如紫外光和红外光.只发出一种光波的光源称做单色光源.目前制作出的发光二极管可发红、绿、黄、橙、蓝等各种可见光,还有的发红外光;也有白色的发光二极管.发光二极管发光波长由材料的种类、性质和发光中心的结构决定,与器件的几何形状、封装方式无关.

3. 根据发光二极管的正向阈值电压估算发光波长

发光二极管属于自发辐射发光. 对于辐射跃迁所发射的光子, 其波长 λ 与跃迁前后的能量差 ΔE 有关, 满足下式:

$$\lambda = hc/\Delta E, \tag{26.1}$$

式中 $h=4.13\times10^{15}\,\mathrm{eV\cdot s}$ 是普朗克常数, $c=3\times10^{14}\,\mu\mathrm{m/s}$ 是光速.

若 ΔE 以电子伏(eV)为单位, 式(26.1)可写做(括号内为分子、分母所取的单位)

$$\lambda \approx 1240(\mathrm{nm\cdot eV})/\Delta E(\mathrm{eV}). \tag{26.2}$$

如前所述, 当外加正向电压超过阈值电压 U_D 时, 发光二极管才会发光. 因此, 如果测得阈值电压 U_D, 用 $\Delta E=eU_D$ 代入式(26.2), 可以估算发光波长. 有关发光二极管的阈值电压 U_D 的测量, 请参看实验十六中二极管 U_D 的测量(发光二极管 U_D 的测量与二极管类似).

不同材料制成的发光二极管, 其正向阈值电压 U_D 不同, 因此发光波长不同. 即使同样是红色发光管, 由于制作管子的材料和掺杂组分不同, 其发光情况也会有所不同. 随着发光二极管结温的上升, 发光波长将向长波方向漂移.

4. 发光二极管的检测

在正式使用发光二极管之前, 应进行必要的检测.

(1) 用数字万用电表检测二极管的专用量程粗测. 检测时应注意, 一般发光二极管管脚中较长的是正极, 短脚为负极. 如果发光二极管发光, 表明管子正常. 要注意的是, 此二极管专用量程的输出正向电流约 1 mA(电压约 2 V), 检测时不发光的管子, 不一定是管子坏了, 也许是发光条件没有得到满足, 需要作进一步检测. 另外, 检测时给出的示值是正向导通压降, 不等同于正向阈值电压 U_D, 只有通过正向伏安特性曲线才能确定正向阈值电压.

(2) 外接电源测量. 连接电路如图 26-1, 用此电路可进一步检测发光管特性, 这也是发光管的基本应用电路. 电源电压 E 先取 3 V, 用电阻箱作为限流电阻 R(通过检测 U_R 可监测、调控通过发光二极管的电流 I_F), 如果发光管仍未点亮, 可适当减小电阻值或提高电源电压, 这时应密切注意观察电表示数是否正常, 不可盲目调高电源电压. 如果测得发光二极管的电压 $U_F=0$ 或 $U_F\approx 3\,\mathrm{V}$, 仍不发光, 也许发光管已坏.

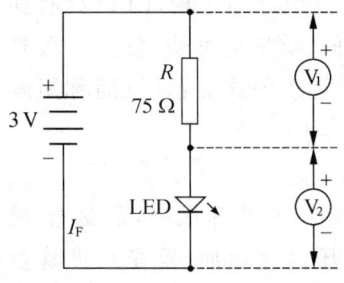

图 26-1 发光二极管基本应用电路

【实验内容】

1. 使用数字万用电表的二极管专用检测量程粗测发光二极管. 判断管子的正负极, 并记录正向导通压降.

2. 测量红色发光二极管的正向伏安特性. 连接电路如图 26-1. 用电阻箱作为限流电阻 R, 电源电压 E 先取 3 V, 实验中可根据需要适当调整, 正向电流测量范围为 0~20 mA. 测量发光二极管的正向伏安特性, 并观察发光强度与电流的关系.

3. 设计实验方案, 测量红、绿、蓝三种颜色的发光二极管的正向阈值电压 U_D, 并估算其发光波长.

【设计实验】

用光电二极管检测发光二极管的发光强度和二极管的正向电流的关系.

实验二十七 研究亥姆霍兹线圈轴线磁场分布

【实验目的】

1. 测量圆线圈轴线上的磁感应强度；
2. 测量亥姆霍兹线圈轴线上的磁场分布；
3. 了解亥姆霍兹线圈磁场的特点以及磁场叠加原理；
4. 学习使用霍尔效应法测量磁场.

【仪器用具】

间距可调的圆线圈一对，直流稳流电源，高灵敏度毫特斯拉计，无磁实验平台.

【实验原理】

磁场起源于电荷的运动. 通常用磁感应强度 B（包括方向和大小）表述磁场性质，其大小与介质性质有关，而且是空间位置的函数.

1. 通电圆线圈轴线上的磁场分布

设一圆线圈如图 27-1 所示，通有电流 I，线圈半径为 R. 圆线圈轴线上任意一点 P 的磁感应强度 $B(x)$ 方向垂直于线圈平面，并按右手法则沿 x 轴正向. 根据毕奥-萨伐尔定律，载流线圈轴线上某点 P 的磁感应强度 $B(x)$ 为

$$B(x) = \frac{\mu_0 R^2 I}{2(R^2 + x^2)^{3/2}}, \tag{27.1}$$

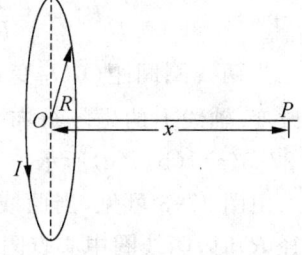

图 27-1 圆线圈

式中 I 为通过线圈的电流强度，R 为线圈的半径，x 为圆心到 P 点的距离，μ_0 为真空磁导率（在空气中 $\mu = \mu_0$）. 采用国际单位制时，I 的单位取 A，R 的单位取 m，$\mu_0 = 4\pi \times 10^{-7}$ H/m，则 B 的单位是 T. 圆线圈中心（$x=0$ 处）的磁感应强度 B_0 为

$$B_0 = \frac{\mu_0 I}{2R}. \tag{27.2}$$

由式 (27.1) 和 (27.2) 可得

$$\frac{B(x)}{B_0} = \left[1 + \left(\frac{x}{R}\right)^2\right]^{-3/2}$$

或

$$B(x) = B_0 \left[1 + \left(\frac{x}{R}\right)^2\right]^{-3/2}, \tag{27.3}$$

由式 (27.3) 可知，$B(x)$ 随 x 增大而减小，在线圈平面两侧呈对称分布.

2. 亥姆霍兹线圈的磁场分布

亥姆霍兹线圈由两个圆线圈组成,线圈半径均为 R,匝数均为 N,电流大小及方向均相同,如图 27-2 所示.

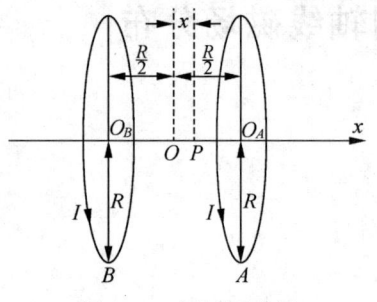

图 27-2 亥姆霍兹线圈

两圆线圈平面彼此平行且共轴,两者中心距离 $\overline{O_AO_B}$ 等于它们的半径 R;将两线圈串联,通以同方向电流 I.若取两线圈中心连线的中点 O 为坐标原点,则两线圈的中心 O_A 及 O_B 点分别对应于坐标值 $R/2$ 及 $-R/2$.

线圈中的电流方向相同,因此两线圈在轴线上任一点 P 所产生的磁场同向.根据式(27.1),两线圈在 P 点(与中点 O 的距离为 x)产生的磁感应强度分别为

$$B_A = \frac{\mu_0 I R^2 N}{2\left[R^2 + \left(\frac{R}{2} - x\right)^2\right]^{3/2}},$$

和

$$B_B = \frac{\mu_0 I R^2 N}{2\left[R^2 + \left(\frac{R}{2} + x\right)^2\right]^{3/2}}.$$

故 P 点的合磁场 $B(x)$ 为

$$B(x) = B_A + B_B, \quad (27.4)$$

在 $x=0$ 处(即两线圈中点处)为

$$B_0 = \frac{\mu_0 NI}{R}\left(\frac{8}{5^{3/2}}\right). \quad (27.5)$$

当两线圈间距 $\overline{O_AO_B}$ 变化时,轴线上的磁场分布也随之改变.轴线上的磁场分布与两线圈间距 $\overline{O_AO_B}$ 的关系如图 27-3(a),(b),(c)所示.

由图 27-3 可见,当两线圈间距 $\overline{O_AO_B}$ 较大(大于线圈半径 R)时,两线圈中心点附近磁场较弱,如图 27-3(a)所示;当两线圈间距 $\overline{O_AO_B}$ 较小(小于线圈半径 R)时,两线圈中心点附近磁场较强,如图 27-3(b)所示;当两线圈间距 $\overline{O_AO_B}$ 等于线圈半径 R 时,组成亥姆霍兹线圈,两线圈中心点 O 附近磁场最均匀,如图 27-3(c)所示.上述曲线与用式(27.3)进行定性分析的结果是一致的.

计算表明,当 $|x|<R/10$ 时,$B(x)$ 和 $B(0)$ 间相对差别约 1/10 000,因此亥姆霍兹线圈能产生比较均匀的磁场.在生产和科研中,常用这种方法来产生大空间、均匀的低磁场.

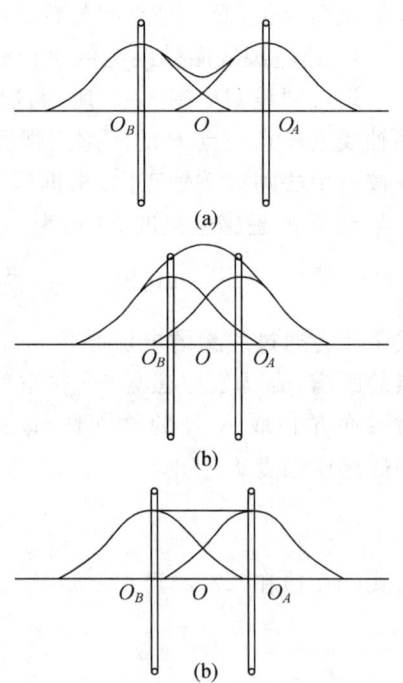

图 27-3 改变亥姆霍兹线圈间距,轴线磁场分布的变化
(a) $\overline{O_AO_B}>R$ 时;
(b) $\overline{O_AO_B}<R$ 时;
(c) $\overline{O_AO_B}=R$ 时

【仪器介绍】

测量亥姆霍兹线圈轴线磁场分布的实验装置示意图如图 27-4.

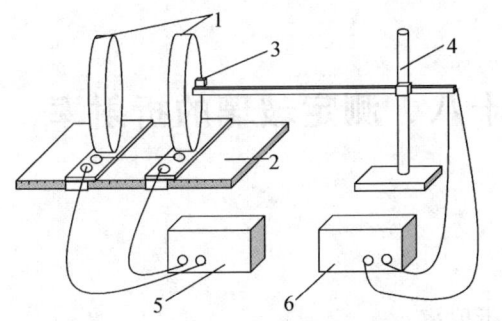

1. 亥姆霍兹线圈；
2. 线圈底座；
3. 霍尔元件；
4. 支架；
5. 恒流源；
6. 毫特斯拉计

图 27-4　亥姆霍兹线圈实验装置示意图

由图 27-4 可知，实验装置由以下几部分组成：
(1) 由两个圆线圈组成的亥姆霍兹线圈．线圈间距可调，底座上有标尺．
(2) 高灵敏度毫特斯拉计．探头为霍尔传感器，数字显示．
(3) 数字式直流稳流电源．
仪器参数及使用方法请参看各仪器的说明书．

【实验内容】

1. 参看仪器说明书熟悉仪器使用．
2. 测量圆线圈中心的磁感应强度．
(1) 测量圆线圈中心的磁感应强度并与计算值相比较．
(2) 将探头放置在线圈轴线上某一点，转动探头方向观察毫特斯拉计示值变化，数值最大时为传感器的法线方向，也就是这点的磁感应强度的方向．
*(3) 测量圆线圈轴线上的磁感应强度分布，并与理论曲线相比较．
3. 测量亥姆霍兹线圈中心的磁感应强度．
(1) 测量亥姆霍兹线圈中心的磁感应强度，并与计算值相比较．
(2) 测量亥姆霍兹线圈轴线上的磁感应强度分布．
*(3) 改变二圆线圈之间的距离 $\overline{O_A O_B}$，研究线圈轴线上的磁感应强度分布．
4. 注意事项．
(1) 开机后应预热 10 min 以上，待系统稳定后再开始作实验．
(2) 为了抵消地磁场的影响以及对其他不稳定因素的补偿，在改变位置测量某一点磁感应强度之前，应断开线圈电流，在电流为零时调零；然后接通线圈电流，进行测量和读数．

【参考文献】

沈元华等．基础物理实验．上海：复旦大学出版社，2003

实验二十八　测定玻璃的折射率

【目的要求】

1. 利用折射定律测定玻璃的折射率；
2. 了解视深法及光路法测量玻璃砖折射率的基本方法；
3. 学习用大头针、直尺确定入射和出射光线的走向以及用视差法确定虚像的位置；
4. 正确掌握半导体激光器及读数显微镜的使用.

【仪器用具】

氦氖(He-Ne)激光器或半导体激光器，读数显微镜，玻璃砖，木板，白纸，大头针，直尺，量角器.

【实验原理】

1. 折射定律及折射率

光的直线传播、光的反射和折射三个实验定律构成几何光学的基础，是各种光学仪器设计的理论根据. 如图 28-1 所示，折射定律可表示为

$$n_1 \sin i = n_2 \sin r, \tag{28.1}$$

式中 i, r 分别为入射角和折射角，n_1, n_2 分别称为入射介质和折射介质的折射率. 折射率作为反映介质光学性质的物理量，其大小不仅取决于介质的种类，也与入射光的波长有关. 折射率较大的介质称为光密介质，折射率较小的介质称为光疏介质，空气的折射率 $n_0 \approx 1$.

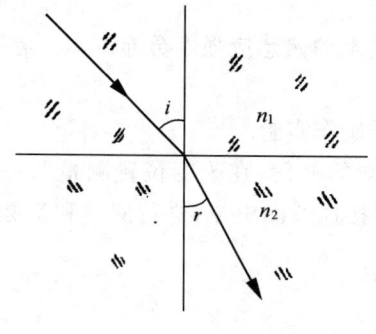

图 28-1　光的折射

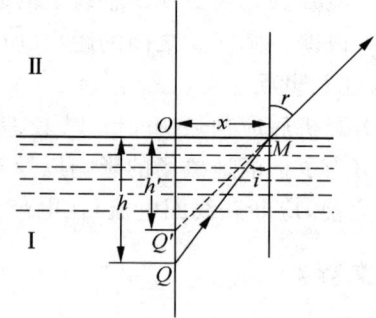

图 28-2　视深法原理

2. 视深法测量折射率

如图 28-2 所示，在待测物质 I 中深度为 h 处有一发光点 Q，作 QO 垂直于界面. 从空气 II 中可以看到 Q 垂直界面的虚像 Q'，它是 Q 点发出经界面折射后光线的反向延长线与 QO 的交点. Q' 点深度为 h' 称为 Q 点的视在深度（简称视深），视深 h' 显然与待测物质的折射率 n 有关.

设光线由 Q 点发出,至 M 点发生折射,入射角和折射角分别为 i, r,根据折射定律有

$$n\sin i = n_0 \sin r = \sin r,$$

令 $\overline{OM} = x$,则

$$h = \frac{x}{\tan i}, \quad h' = \frac{x}{\tan r},$$

于是

$$h' = h\frac{\tan i}{\tan r} = h\frac{\sin i \cos r}{\sin r \cos i} = \frac{h\sqrt{1-n^2\sin^2 i}}{n\cos i}.$$

上式表明,由 Q 点发出的不同方向的光线,折射后的延长线不再交于同一点,而与 i 有关. 但对于那些接近法线方向的光线,$i \approx 0$,$\sin^2 i \approx 0$,$\cos i \approx 1$,可得

$$h' = \frac{h}{n} \quad \text{或} \quad n = \frac{h}{h'}. \tag{28.2}$$

此时,视深 h' 与入射角 i 无关,折射线的延长线近似交于同一点 Q',即 Q 点被提高的距离为 $\overline{QQ'} = h - h'$.

3. 光路法测量折射率

所谓光路法测量折射率,就是想办法画出待测物质界面处入射光线及折射光线的走向,进而确定入射角及折射角 i, r,直接利用折射定律来计算待测物质的折射率.

4. 视差的概念

当用尺子测量长度时,必须将尺子紧贴被测物,否则读数将会随观测方位不同而不同,出现误差,如图 28-3 所示. 同样,在光学实验中,经常需要测量像的大小或确定像的位置. 测量大小时,应将像与标尺紧贴,否则读数将随观测方位而改变. 在光学实验中,有时不能用毛玻璃或像屏直接接受实像以确定像的位置,需将像成在一实物(如叉丝、分划板、大头针或针尖等)附近,观察像与实物之间的视差,并设法消除,由实物的位置确定像的位置.

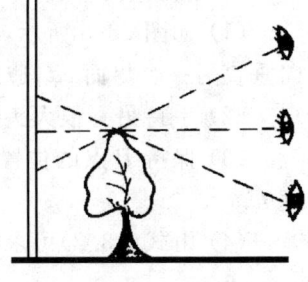

图 28-3 视差

为了进一步了解视差,可作如下实验:拿两支铅笔,将它们前后排成竖行,用一只眼睛去观察. 当眼睛左右移动时,就会发现两支铅笔有相对的位移,其中离眼睛近的铅笔的移动方向与眼睛移动方向相反,而离眼睛远的其移动方向则相同,这种现象称做视差. 而当两支铅笔距眼睛等距离时,则不会出现相对移动,即无视差现象. 因此,利用视差现象可以判断两个物体距眼睛的远近并且加以调节以消除视差,使两个物体与眼睛等距或物、像之间共面.

【实验内容】

一、视深法测定玻璃砖的折射率

1. 用读数显微镜测量.

测量装置简图如图 28-4 所示,读数显微镜竖立使用,使其光轴垂直于水平放置的白纸表面,在白纸上涂一黑点 P.

(1) 读数显微镜对准涂在白纸上的 P 点,调节读数显微镜的调焦手轮直至看清 P 点,记下此时纵向刻尺的读数 d_1;

(2) 将待测的玻璃砖放在白纸上盖住 P 点, 再次调节读数显微镜的调焦手轮, 直至看清 P 点通过玻璃砖所成虚像 P', 记下此时纵向刻尺的读数 d_2, 由此可确定 P 点被玻璃砖所提高的距离 $\overline{PP'} = d_0 = |d_1 - d_2|$;

(3) 再用读数显微镜测出玻璃砖的厚度, 即 P 点的真实深度 h, 则视深为 $h' = h - d_0$;

(4) 由式(28.2)可求出玻璃砖的折射率

$$n = \frac{h}{h'} = \frac{h}{h - d_0} = \frac{h}{h - |d_1 - d_2|}.$$

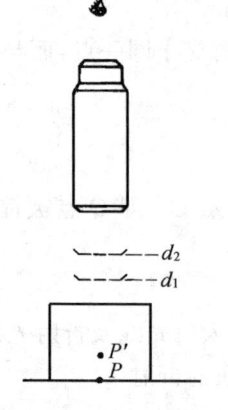

图 28-4 读数显微镜测量

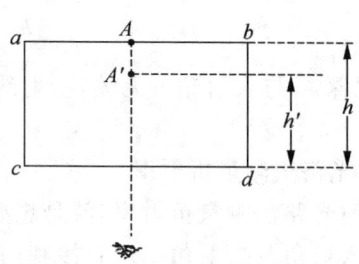

图 28-5 视差法测量

2. 用视差测量.

(1) 如图 28-5 所示, 将玻璃砖平放在木板上, 紧贴界面 ab 竖直插大头针 A, 眼睛视线方向垂直另一个界面 cd, 透过玻璃砖观察 A 点的虚像 A';

(2) 手持另一根大头针 B 竖立在玻璃砖的上方, 用视差法确定虚像 A' 的位置;

(3) 保持 B 点的位置不动, 用直尺测出 B 点到 cd 面的距离(即视深 h'), 以及玻璃砖的厚度 h;

(4) 由式(28.2)可求出玻璃砖的折射率 $n = h/h'$.

二、光路法测定玻璃砖的折射率

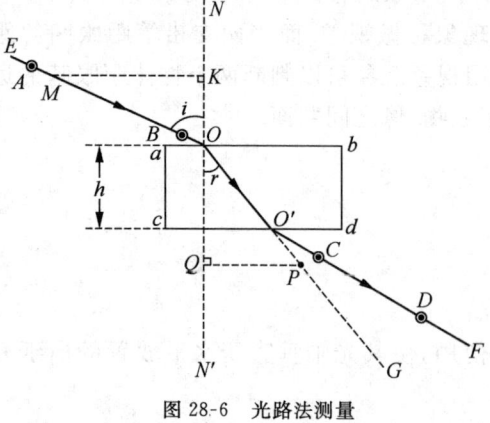

图 28-6 光路法测量

1. 用激光器测量.

(1) 如图 28-6 所示, 将白纸平铺在木板上, 将玻璃砖平放在纸上, 画出直线 ab 和 cd 分别代表玻璃砖两个界面的位置.

(2) 用已调好水平的激光光束倾斜入射玻璃砖的 ab 面, 并使出射光束由 cd 面射出, 入射角 i 不宜过大或过小, 可取 $60°$ 左右.

(3) 利用大头针 A, B 及 C, D 分别确定入射光束和出射光束的光路, 并标出 A, B 及 C, D 的位置.

(4) 移去玻璃砖, 过点 A, B 及 C, D 画直线 EO 和 $O'F$ 分别与代表玻璃砖界面的直线 ab

和 cd 交于 O 及 O' 点,则直线 EO 和 $O'F$ 分别代表入射及出射光路,而 OO' 代表玻璃砖内的折射光路.

(5) 过 ab 上的点 O 画界面的法线 NN',并连接 OO',从而得到入射角 i 及折射角 r.

(6) 用量角器测出值 i,r,代入折射定律公式(28.1)可计算出折射率 n.

(7) 也可以用图形法处理,在图 28-6 入射光路 EO 和折射光路 OG 上分别截取等长的线段 OM,OP,线段要取长些(例如不小于 10 cm).过点 M,P 分别作法线 NN' 的垂线 MK,PQ,用直尺测出 $\overline{MK},\overline{PQ}$ 的长度,可由 $n=\overline{MK}/\overline{QP}$ 计算出折射率 n.

2. 如果没有激光器,只给你几个大头针、米尺、量角器、圆规等用具,如何测定玻璃砖的折射率?

除读数显微镜法外,其余三种方法的精确度都不高,但因其清晰的原理和简便的操作很好地体现了理论与实验相结合来解决实际问题的精髓,仍将它们列入本书中.

【思 考 题】

1. 视深法或光路法测量时,玻璃砖两个界面的平行度对测量结果有什么影响?为什么?
2. 视深法或光路法测量时,玻璃砖厚些好还是薄些好?为什么?
3. 光路法测量时,为什么入射角不能过大或过小?
4. 光路法测量时,若所画直线 ab 和 cd 的间距大于玻璃砖的真实厚度,那么折射率的测量值偏大还是偏小?为什么?

【附　　录】

1. 光学实验操作规则

(1) 光学仪器是比较精密和"娇嫩"的,如果使用和维护不当,它的光学元件及机械部件都易被损坏.因此,必须在了解了仪器的使用方法、操作要求及注意事项后,在教员的指导下,才能开始工作.

(2) 大多数光学元件(如透镜、棱镜、玻璃砖、平面镜等)都是用光学玻璃制成,使用时要轻拿,轻放,勿受震动,避免挤压和跌落.

(3) 光学元件的工作面都是经过精细加工及抛光而成的反射面或折射面,称为光学表面.光学表面必须保持清洁,避免划伤与任何溶液接触,不得用手触摸,不要对着讲话、打喷嚏等.一旦被污染,不要自己动手擦拭,应由实验室管理人员负责处理.

(4) 移动光学元件时,应当拿它的框架、磨砂面或棱边等非光学表面部位,如图 28-7 所示.

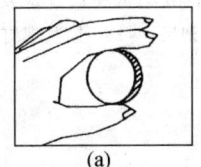
(a)
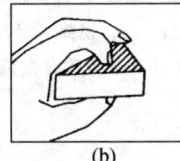
(b)
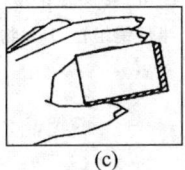
(c)

图 28-7　光学元件的正确拿法

(5) 在暗室中,应先熟悉仪器的安放位置.在黑暗环境中摸索仪器时,手应贴着桌面缓慢移动,以免碰倒或带落仪器.

(6) 仪器和元件用毕,应放回箱内或罩上罩子,防止灰尘.

2. 实验装置介绍

(1) 激光器.

无论是氦氖激光器($\lambda=632.8$ nm),还是半导体激光器($\lambda=650$ nm),都具有很好的单色性、准直性、高亮度,都是很好的相干光源. 两者的区别是:氦氖激光器的光斑是圆形的,而且较细,但体积较大且需要高压;而半导体激光器体积小,使用方便,且无需高压,但光斑较大且为椭圆形. 值得注意的是,由于激光的高亮度,**不能用眼睛或望远镜等直接观察激光光束**,以免造成视网膜严重的、不可恢复的损坏. 可以借助白纸、灰色或黑色玻璃、塑料薄膜等漫反射材料对激光光束进行间接的观察.

(2) 读数显微镜.

结构如图 28-8 所示,它由长焦距显微镜和可移动的读数系统组成. 放大观察部分和读数测量部分是相对独立的,可直接测量物体的长度. 读数显微镜的放大倍数一般固定不变,例如为 30 倍,工作距离约 40 mm. 测量时,以目镜内叉丝为标志,它与鼓轮(副尺)同步移动. 标尺的测量范围是 50 mm,鼓轮转一周,标尺移动 1 mm,鼓轮一周被分成 100 格,最小分度为 0.01 mm. 标尺和副尺的读数之和就是测量的数值大小. 使用读数显微镜时,应注意消除因螺纹间隙造成的空转误差即螺距差. 利用调焦手轮也可进行升降方向的测量,纵向刻度尺测量范围也是 50 mm,最小分度为 1 mm,游标分成 10 格,最小分度为 0.1 mm.

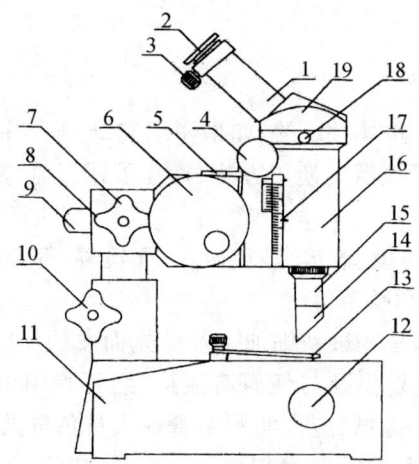

1. 目镜接筒; 2. 目镜 3. 锁紧螺灯 4. 调焦手轮 5. 标尺; 6. 测微鼓轮;
7. 锁紧手轮; 8. 接头轴; 9. 方轴 10. 锁紧手轮Ⅱ; 11. 底座 12. 反光镜旋轮;
B. 压片; 14. 半反镜组; 15. 物镜组; 16. 镜筒; 17. 刻尺; 18. 锁紧螺钉; 19. 棱镜室

图 28-8 读数显微镜

实验二十九 测量薄透镜的焦距

【目的要求】

1. 学会光学元件的共轴调节；
2. 掌握测量薄透镜焦距的基本方法；
3. 加深对薄透镜成像规律的理解．

【仪器用具】

光具座，滑块，凸透镜，凹透镜，毛玻璃或成像屏，平面镜，光源，物屏，针尖．

【实验原理】

一、薄透镜焦距的测量

在本实验中仅考虑薄透镜的情况，也就是只考虑厚度比球面曲率半径小得多的透镜．此时，物距 s、像距 s'、焦距 f 可分别视为物、像、焦点至透镜中心的距离．

1. 凸透镜焦距的测量

（1）物像距法．

所谓物像距法就是直接测出待测透镜的物距 s、像距 s'，然后利用下面的透镜成像公式算出透镜的焦距：

$$\frac{1}{s} + \frac{1}{s'} = \frac{1}{f}. \tag{29.1}$$

如图 29-1 所示，物 AB 置于凸透镜 L 一侧，使 $s>f$，则在透镜的另一侧 s' 处的成像屏上生成一倒立的实像 $A'B'$．测出物距 s、像距 s'，代入式（29.1）可求出凸透镜的焦距 f．有时为了粗略估测凸透镜的焦距，可把远处的物体作为物，近似地有 $s \to \infty$，则像距即为焦距：$s' \approx f$．

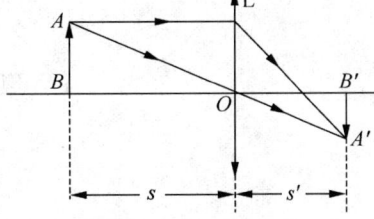

图 29-1 物像距法

（2）位移法．

若在图 29-1 中固定物与屏，即保持物、像的间距 A 为常数，解下边联立方程

$$\begin{cases} \dfrac{1}{s} + \dfrac{1}{s'} = \dfrac{1}{f} \\ s + s' = A, \end{cases} \tag{29.2}$$

可得

$$s' = \frac{A \pm \sqrt{A(A-4f)}}{2}.$$

令

$$s'_1 = \frac{A + \sqrt{A(A-4f)}}{2}, \quad s'_2 = \frac{A - \sqrt{A(A-4f)}}{2},$$

代入方程组(29.2)中第二式,得

$$s_1 = \frac{A - \sqrt{A(A-4f)}}{2} = s_2', \quad s_2 = \frac{A + \sqrt{A(A-4f)}}{2} = s_1'.$$

由此可见方程组有实数解的条件是 $A \geqslant 4f$,否则得不到像.存在两组实数解的物理内涵是:当物与屏的间距为 $A > 4f$(且在实验过程中保持不变),则凸透镜 L 有两个位置(设相距为 l)可以使物成像于屏上.其中一个得到放大的像,另一个得到缩小的像,如图 29-2 所示.由图还可以看出

$$A - l = s_1 + s_2' = 2s_1 = 2s_2',$$

则

$$s_1 = s_2' = \frac{A-l}{2},$$

而

$$s_1' = A - s_1 = A - \frac{A-l}{2} = \frac{A+l}{2}.$$

将 s_1, s_1' 代入式(29.1)可得到位移法测量焦距的公式:

$$f = \frac{s_1 s_1'}{s_1 + s_1'} = \frac{A^2 - l^2}{4A}. \tag{29.3}$$

位移法测量的是透镜 L 的位移量,因而克服了透镜 L 光心与滑块刻痕不一致所引起的误差,较物像距法准确.

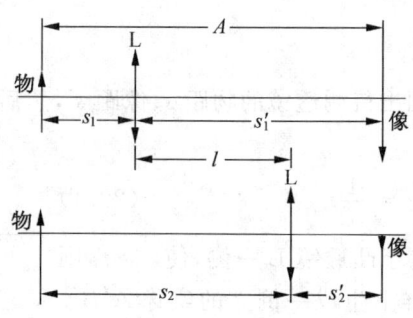

图 29-2 位移法

(3) 自准直法(平面镜法).

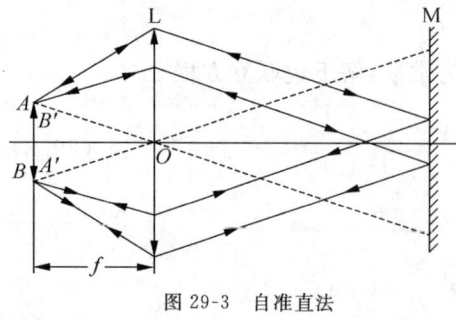

图 29-3 自准直法

见图 29-3,若物 AB 正好在透镜 L 的焦面上,则物光经过透镜 L 折射后变成为不同方向的平行光,由 L 后方辅加的平面镜 M 反射后仍为平行光,再经 L 必会聚在原物平面上,得到与原物等大的倒立实像 $A'B'$.此时的物距即等于透镜的焦距 f,它的大小可从物屏、透镜 L 在光具座导轨上的位置差直接测得.由于测量的结果是物像共面,因此自准直法也被称为物像共面法或平面镜法.

自准直法简单、便利,因而被广泛应用到光学仪器的调节以及透镜生产过程的检测环节.

2. 物像距法测量凹透镜的焦距

由于单独的凹透镜不能使"实物"成实像于屏幕上,所以测定凹透镜的焦距时,要借助于凸透镜.用辅助凸透镜 L' 将物 AB 成一倒立缩小的实像 $A'B'$,在凸透镜 L' 与像 $A'B'$ 之间加入待测的凹透镜 L,此时像 $A'B'$ 成为凹透镜 L 的虚物.因凹透镜是发散透镜,故当逐步增大凹透镜 L 距 $A'B'$ 距离(在凹透镜 L 的焦距内)时,虚物 $A'B'$ 经凹透镜 L 所成的放大的实像 $A''B''$ 必向右方移动.见光路图 29-4,s 是凹透镜 L 的物距,s' 是像距,代入式(29.1)可求出凹透镜 L 的焦距 f.值得注意的是,由于虚物距 $s<0$,实像距 $s'>0$,计算出的焦距为负值,即

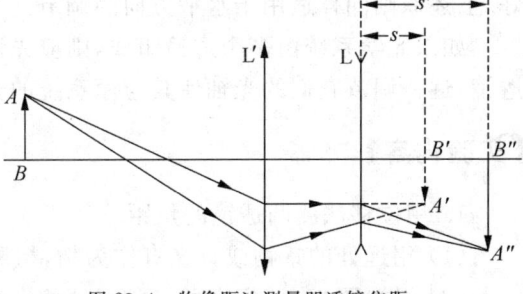

图 29-4 物像距法测量凹透镜焦距

$$f = \frac{ss'}{s+s'} < 0. \tag{29.4}$$

二、光具座上的共轴调节

为减小焦距测量的误差,必须对光学元件进行共轴调节.共轴调好了,可使光线成为傍轴光线(透镜成像公式(29.1)在此条件下成立),减小像差.否则会造成像的质量降低,甚至"光路不通".共轴调节是所有光学实验所必须满足的基本要求.

所谓光学元件的共轴,指的是:各透镜的光轴重合一致,物面中心部位处在光轴上,照明光束也应沿光轴方向;此外,光源、物面、透镜、像屏面均应垂直于光轴,且透镜中心与光轴重合;在本实验中,还必须使光轴平行于光具座的导轨(标尺附在导轨上).

共轴调节通常分为粗调与细调两步进行.

(1) 粗调.

所谓粗调就是目测调节,即将所用的物屏、透镜、像屏等插入光具座的滑块中,然后向光源靠拢.以光源为准逐一调节各元件的高低及左右,使得光源、物屏、透镜、像屏等的中心大致在一条与导轨平行的直线上;且光源、物屏、透镜、像屏的平面要与导轨方向垂直.

(2) 细调.

所谓细调就是利用透镜成像规律进行调节.现以单透镜成像光路(位移法)为例,提供一种调节方法.设物屏与像屏相距足够远.若已共轴,则移动透镜所得的大像和小像的中心将重合(都在光轴上),否则便表明物的中心不在光轴上.

若物中心 C 点不在光轴上,则大、小像的中心都不会在光轴上,而是偏在光轴的同一侧;且大像中心 C_1 点偏离较远,小像中心 C_2 点离光轴较近,如图 29-5 所示.若发现 C_1 点高于 C_2 点,说明透镜 L 位置偏高(或物偏低),这时应将透镜 L 降低(或把物升高).若 C_1 点低于 C_2 点,便应将透镜 L 升高.

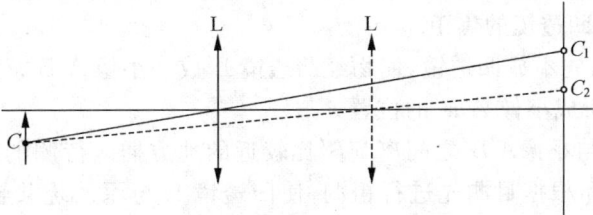

图 29-5 共轴调节的原理

具体做法是：保持物不动，成小像时调光屏，使屏中心（屏上有十字标记）与 C_2 点重合；成大像时调透镜，使 C_1 点位于屏中心（即使 C_1 点与前次的 C_2 点重合）．如此反复几次，便可调好．上述原则同样适用于水平方向的调节．

如果光学系统由多个透镜组成，则应先调好一个透镜的共轴并保持不动；再逐个加入其余透镜，逐一调节它们的光轴使其与原系统的光轴一致．

【实验内容】

1. 用位移法测凸透镜的焦距．

(1) 用远处的景物或日光灯作为物，粗测凸透镜 L 的焦距．

(2) 根据图 29-2，把有关光学元件放在光具座上，物离光源要近，两者等高．如果用白炽灯作光源，应在灯前加毛玻璃．

(3) 调节光学系统共轴．

(4) 测量 A, l 各三次（以数值大小为序，选择三个不同的 A 值）．测量时，可以从两个方向移动透镜 L，注意像的清晰度的变化，记取中间读数（如用白炽灯作光源，像的颜色不要偏蓝或偏红）．记录此时各光学元件的位置：物 z_1，屏 z_2，成大像时 L 的位置 z_3 以及成小像时 L 的位置 z_4．计算出 $A=|z_1-z_2|, l=|z_3-z_4|$，代入式 (29.3) 计算 f，然后求其平均值 $\bar{f}$．

(5) 列出相应的数据表（包括原始数据、中间数据以及最后计算结果）．

2. 用视差法测凸透镜的焦距．

(1) 在位移法光路中，用如图 29-6 所示的"针尖"（一圆孔光阑，中间固定一针尖）取代像屏置于实像附近．

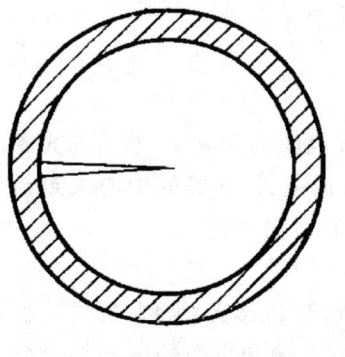

图 29-6 针尖

(2) 用人眼左右、上下移动观察针尖与实像之间的视差，若像（相对于针尖）的移动方向与人眼移动方向相同，则将针尖推向透镜，反之则推向观察者；直至针尖与实像间无视差，表明两者已共面，记录此时的针尖位置（即实像位置）．

(3) 每次调到针尖与实像消视差后，记录物距 s 和像距 s'，代入式 (29.1) 可求出凸透镜焦距 f．改变凸透镜的位置，测量三次，求出 f 的平均值．

(4) 列出相应的数据表．

3. 用自准直法测凸透镜的焦距．

测量三次．画出光路图，写出实验步骤，列出数据表，计算凸透镜焦距 f，并求其平均值 $\bar{f}$．

*4. 研究凸透镜的成像规律．

要求观察 s 和 f，研究物距和焦距满足条件 $s>2f, s=2f, 2f>s>f$ 以及 $s<f$ 时，成像位置、像的大小、像的倒正和虚实．

5. 用物像距法测凹透镜的焦距．

(1) 参照图 29-4，先不放凹透镜，使物经凸透镜 L' 成一小像 $A'B'$．

(2) 记录凸透镜所成小像 $A'B'$ 的位置 $z_{A'B'}$．

(3) 在凸透镜 L' 与小像 $A'B'$ 之间离 $A'B'$ 比较近的地方插入待测的凹透镜 L（注意：此时凸透镜的位置不能动），根据目测先进行粗调，使凹透镜 L 与原系统共轴，移动像屏直至形成清晰的实像，再细调凹透镜 L 的上下左右进行共轴细调．调好共轴后仔细调节像屏前后位置

以确定最终的二次成像位置 $A''B''$. 记录此时像屏、凹透镜 L 的位置 $z_{A''B''}$, z_L, 算出物距 $s = -|z_{A'B'} - z_L|$、像距 $s' = |z_{A''B''} - z_L|$, 代入式(29.4)可求出凹透镜焦距 f.

(4) 选择不同的 s 值(在 $A'B'$ 位置不变,即凸透镜 L' 位置不变的情况下)测量三次,求出 f 的平均值.

(5) 列出相应的数据表.

*6. 用自准直法测凹透镜的焦距.

自己设计一个用"自准直法"原理测量凹透镜焦距的实验方案,画出简单的原理性光路(物点在光轴上的图),写出实验步骤,列出数据表并进行测量.

【思 考 题】

1. 作光学实验为何要调节共轴?共轴调节的基本步骤是什么?对多透镜系统应如何处理?

2. 位移法测透镜焦距,为何物屏间距要大于四倍焦距?此法有何优点?物屏间距为何不可取得太大?

3. 怎样用视差法确定实像的位置?

4. 能否用眼睛直接观察实像?为什么人们喜欢用毛玻璃(或白屏)看实像?

5. 物像距法测凹透镜焦距二次成像的前提条件是什么?

6. 自准直法测凸透镜焦距,当物距远小于焦距时,也会在物屏上生成一倒立、等大的实像,且取走平面镜后,此像依然存在,请予以解释.

【附 录】

1. 物的设置

作为光路图中的物体必须是发光的.但真实的发光物往往是立体的,其位置不明确.故通常用一平面透光图形作为物,它不发光,需用光源予以照明.图形所发的光实际上是光源的透过光.若光源为一小灯泡,则物上各处发出光束的立体角将受到较大的限制,并且投射方向不相同.如图 29-7 所示,物屏中心 B 点处所发光束能通过透镜参与成像,而边沿处 A,C 点发的光束则不能通过透镜.故所得的像是中间亮,边沿暗,且不完整.

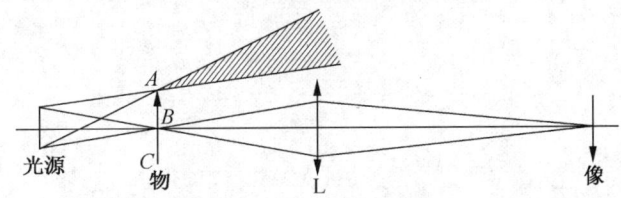

图 29-7 光源直接照射

为改善这种情况,可在光源的出口加一毛玻璃,如图 29-8 所示,使通过物上各处(例如 A 点)的光向各方向扩展开,增大发光的立体角,从而使像各处的明亮程度比较均匀.

2. 像的接收

为了便于从各个角度能观察到实像,应该用具有漫反射特性的白屏或毛玻璃(一面粗糙,一面光滑)作为屏幕接收实

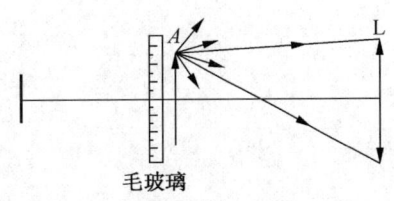

图 29-8 光源通过毛玻璃照射

像.若直接用眼睛接收,也能看到像,但仅能迎着光在一狭窄范围内(主轴附近),且人眼与像的距离应大于人眼的近点(正常人的约为 10 cm)才能观察到.

若以毛玻璃为屏时,应让粗糙的一面朝向成像光束,人眼从透光方向去观察,因为当入射角不大时,透射光远大于反射光.

若是虚像,最简单的方法是用眼直接观察,眼与虚像的距离应大于人眼的近点.虚像的位置用视差法确定.

3. 光具位置的测定和定位误差

实验中,光具的位置许多情况下要依据成像的状况而定,但受到成像质量和人眼分辨力所限,定位会有误差:成实像时,像屏在某个范围内移动,所成的像均很清晰;成虚像时,针尖在某个范围内移动,均无视差.为了减少此种误差,可采用双向逼近法来定位,即分别由近到远、由远到近确定两个最佳位置,再取两者的中点作为光具的位置.

另一方面,针尖、物屏、像屏、透镜的光心往往和安装它们的滑块的刻痕不一致.因此,由滑块刻痕在光具座导轨标尺上的读数会给光具定位引入偏心差,这些因素使测量结果有一系统误差,在精确测量时均应设法消除.

实验三十 望远镜和显微镜

【目的要求】

1. 了解放大镜、显微镜和望远镜的基本结构及工作原理;
2. 学习组装望远镜和显微镜,掌握它们的使用方法;
3. 了解助视仪器的视角放大率及测量方法.

【仪器用具】

凸透镜两块(焦距分别为 $4\sim6$ cm 和 $25\sim30$ cm),扩展光源(白炽灯加毛玻璃),有细微特征的物屏,毛玻璃屏,纸制大标尺(等分 10 格,每格 10 cm),十字叉丝光阑,平面反射镜,光具座,滑块,读数显微镜,成品望远镜.

【实验原理】

成像的光学仪器基本上可以分为成实像或成虚像两大类:成实像的光学仪器如照相机、幻灯机、电影放映机、投影仪等;而后者如放大镜、显微镜、望远镜等光学仪器,由于所成的虚像都是直接用眼睛来观察的,因此也被称为助视仪器. 本实验主要研究助视仪器.

1. 放大镜

为了观察微小物体或物体的细节,常使用放大镜. 最简单的放大镜就是一个焦距 f 比明视距离[①] $s_0 = 25$ cm 小得多的凸透镜. 凸透镜所成的像对眼睛所张的视角 α' 大于原物在明视距离 s_0 对眼睛所张的视角 α. 在傍轴条件下,放大镜的视角放大率为

$$M = \frac{\alpha'}{\alpha} \approx \frac{s_0}{f}. \tag{30.1}$$

2. 显微镜

为了观察更加微小的物体,可在放大镜 L_E 之前再加一凸透镜 L_O,使物体先经过 L_O 放大后再通过 L_E 来观察 L_O 所成的像,这就是显微镜的基本原理. 在显微镜里,起放大镜作用的目镜 L_E 的焦距 f_E 较长,而物镜 L_O 的焦距 f_O 很短.

使用时,镜筒的长度不变,调节被观测的物体 AB 到物镜 L_O 的距离略大于 f_O,从而在 L_O 后方空间生成一放大实像 $A'B'$. 目镜 L_E 将中间像 $A'B'$ 在其明视距离 s_0 附近生成一放大虚像 $A''B''$,为此 $A'B'$ 应成在 L_E 的焦点以内距焦点极近处. 由于虚像 $A''B''$ 的视角比物体 AB 位于明视距离的视角大得多,因而能看得更清楚,如图 30-1 所示.

显微镜的视角放大率定义与放大镜相同,也是虚像 $A''B''$ 的视角 α' 与物体在明视距离 s_0 时的视角 α 之比. 在傍轴条件下,并考虑到 $A''B''$ 与 $A'B'$ 的视角相同均为 α',可得视角放大率

$$M = \frac{\alpha'}{\alpha} = \frac{\overline{A'B'}/f_E}{\overline{AB}/s_0} = \frac{\overline{A'B'}}{\overline{AB}} \frac{s_0}{f_E}, \tag{30.2}$$

[①] 眼睛长时间观察一个物体而不感吃力的最近距离称为明视距离. 正常人的明视距离为 25 cm.

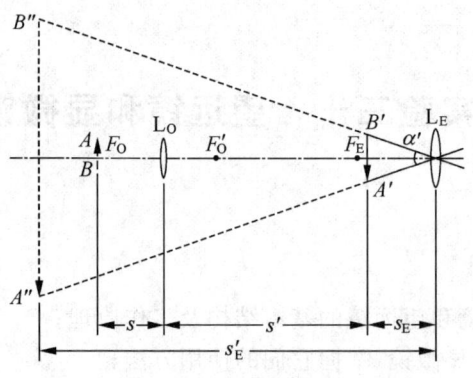

图 30-1　显微镜

式中最右端第一项是物镜 L_O 的横向放大率 $V_O = \overline{A'B'}/\overline{AB}$，而第二项为目镜 L_E 的视角放大率 $M_E = s_0/f_E$，因此式（30.2）可改写为

$$M = V_O M_E. \tag{30.3}$$

上式表明，显微镜的视角放大率 M 等于物镜的横向放大率 V_O 与目镜的视角放大率 M_E 的乘积.

3. 望远镜

望远镜是用来观察、瞄准和测量远处物体的助视仪器，其构造的类型较多. 本实验讨论的是被称为天文望远镜的开普勒型望远镜.

图 30-2 是由两个凸透镜组成的望远镜的原理图，L_O 为物镜，焦距为 f_O，L_E 为目镜，焦距为 f_E，通常 f_O 比 f_E 大得多. 远处的物体 AB 经物镜 L_O 在其焦点 F'_O 以外距焦点极近处生成一缩小的实像 $A'B'$，由于物镜焦点 F'_O 与目镜焦点 F_E 几乎重合，作为放大镜的目镜再将中间像 $A'B'$ 放大成一虚像 $A''B''$.

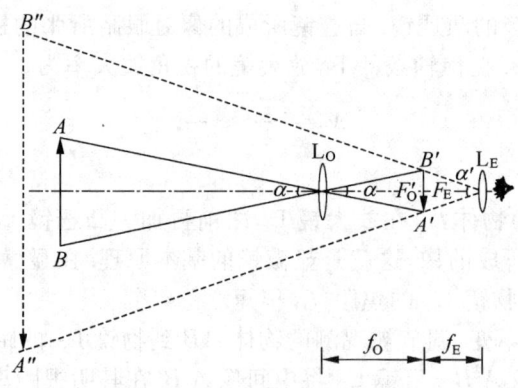

图 30-2　望远镜

望远镜的作用是观察远方的物体，所以在计算望远镜的视角放大率时，再把 α 取为物体位于明视距离 s_0 处对眼睛所张的视角就没有意义了. 因此，望远镜的视角放大率定义为像的视角 α' 与物体在被观测距离上的视角 α 之比. 由图 30-2 可知，$A''B''$ 与 $A'B'$ 的视角相同均为 α'，在傍轴条件下可得到望远镜的视角放大率为

$$M = \frac{\alpha'}{\alpha} \approx \frac{f_O}{f_E} \tag{30.4}$$

一般对望远镜有 $f_O \gg f_E$，通过望远镜看到的虚像比原物的视角大了，因而人感觉物体被放大了，或感觉物体近了。

4. 望远镜视角放大率的测量方法

（1）比较法．

最简单的方法是把物和像的长度直接对比，如图 30-3 所示．远处放置长度为 y 的标尺 AB，对人眼的视角为 α．将望远镜对准 AB，调节望远镜目镜与物镜之间的距离，使人眼从望远镜中看到清晰的像 $A'B'$，其长度为 y'，视角为 α'．现将像 $A'B'$ 投影到物 AB 所在的平面上为 $A''B''$，其长度为 y''，则视角放大率为

$$M = \frac{\alpha'}{\alpha} \approx \frac{\tan\alpha'}{\tan\alpha} = \frac{y''}{y}. \tag{30.5}$$

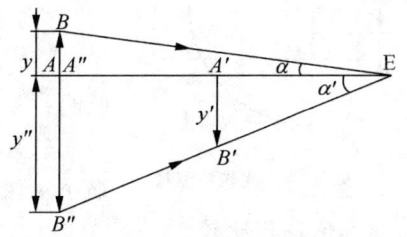

图 30-3　比较法原理

（2）公式法．

将望远镜聚焦无穷远，此时目镜和物镜的距离等于 $f_O + f_E$．取下物镜，在物镜处放一长度已知为 y_1 的物，该物通过目镜成一缩小的实像 y_2．由透镜成像公式（29.1）和式（30.4）可求出

$$M = \frac{f_O}{f_E} = \frac{y_1}{y_2}. \tag{30.6}$$

【实验内容】

1. 设计实验方法测量所给凸透镜的焦距并加以记录．

2. 在光具座上组装简易显微镜．

（1）将扩展光源、有细微特征的物屏、物镜和目镜按顺序装在光具座上进行共轴调节；

（2）在物镜和目镜之间加入毛玻璃屏，调节物镜及毛玻璃屏的位置，使屏上成一清晰放大的实像（此实像不宜过大）；

（3）移动目镜，眼紧贴目镜观察，直到看清放大的虚像为止（无严重色散）；

（4）拿掉毛玻璃，仔细移动眼睛的位置到主光轴上，依然能看到这一虚像．

3. 在光具座上组装简易望远镜．

（1）在光具座上装上物镜和目镜，按共轴要求调好，就组成了开普勒望远镜．

（2）在物镜和目镜之间加入毛玻璃屏，并使目镜远离物镜．将物镜对准远方的景物，调节毛玻璃屏生成清晰的倒立实像．将屏固定，调节目镜与屏的距离，同时眼紧贴目镜观察，直到看清景物的虚像为止．

（3）固定目镜，撤除毛玻璃，眼沿主光轴仍然可看到景物的虚像，其大小、形状与撤屏前完全相同．为什么？

（4）测量物镜与目镜间的距离，与它们的焦距之间是什么关系？

4. 用比较法测量自组望远镜的视角放大率．

（1）将大标尺置于距物镜 5 m 处，并使尺面垂直于望远镜的光轴，用一只眼直接看标尺，另一只眼通过望远镜看标尺．调节目镜至物镜的距离，使成像清晰．双眼经过一段时间的自然调节，就能同时看清标尺和望远镜中标尺的虚像．

（2）微调望远镜的指向，使视野中两列刻度线分别在左右两方，两者靠近并对齐，如图 30-

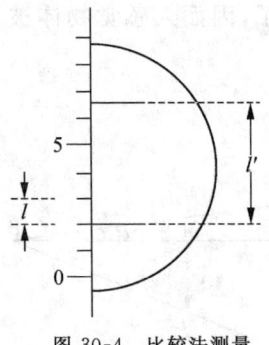

图 30-4 比较法测量

4 所示. 数出望远镜中看到的一格相当于标尺的几格,代入比较法公式(30.5)可求得望远镜的视角放大率,并与理论结果($M=f_O/f_E$)进行比较和讨论.

5. 用公式法测量成品望远镜观察远物时的视角放大率.

(1) 用直接观察法或自准直法将望远镜聚焦无穷远;

(2) 取下物镜,在原物镜位置放一个十字叉丝光阑,并用扩展光源照明;

(3) 用读数显微镜直接测量十字叉丝的长度 y_1 和它经目镜成一缩小实像的长度 y_2,代入式(30.6),可求得视角放大率,并与望远镜的标称值进行比较.

【思 考 题】

1. 怎样测量凸透镜的焦距?
2. 自组显微镜实验中,为何物镜所成中间像不宜太大?为何目镜所成虚像也不宜太大?
3. 对组成开普勒望远镜的物镜与目镜的焦距有什么要求?
4. 如何用自准直法将组装的望远镜调焦至无穷远?
5. 根据透镜成像公式(29.1),推导出式(30.6).

实验三十一 光的干涉现象

【目的要求】

1. 观察光的干涉现象,掌握一种分波前光路实现双光束干涉的方法;
2. 用双棱镜干涉测量光波波长;
3. 学习双棱镜干涉光路的共轴调节方法;
4. 学会用测微目镜测微小长度.

【仪器设备】

钠光灯,双棱镜,可调狭缝,凸透镜,毛玻璃屏,测微目镜,读数显微镜,白炽灯,氦氖激光器,短焦距扩束透镜,光具座,滑块等.

【实验原理】

光的干涉体现出光的波动性.所谓光的干涉指的是因光波的叠加而引起光强重新分布的现象.两个独立的光源不可能产生干涉,必须将同一光源发出的光用分波前或分振幅的方法来产生相干光束.

双棱镜是典型的分波前干涉元件,它是由玻璃制成的等腰三角形棱镜,有两个非常小的小棱角(约 1°)和一个非常大的钝角.其干涉光路如图 31-1 所示,经钠光灯 N 照明,从狭缝 S 发出的单色光经双棱镜 B 折射后形成两束相干光,它们相当于从狭缝 S 的两个虚像 S_1 和 S_2 射出的两束相干光.在两束光的重叠区域发生干涉,结果在观察屏 P 上形成等间距的明暗交替的直线状干涉条纹.

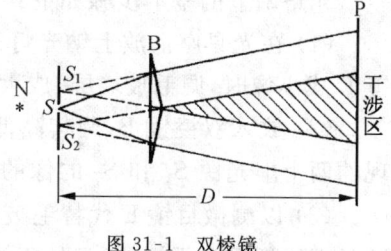

图 31-1 双棱镜

双棱镜干涉条纹的计算方法与杨氏干涉相同.如图 31-2 所示,设缝 S 的虚像 S_1 和 S_2 的间距为 l,缝 S 至观察屏的间距为 D,且 $D \gg l$,O 点是 $S_1 S_2$ 的中垂线与屏的交点.由虚光源 S_1 和 S_2 射出的两束光到达 O 点的光程相等,在 O 点形成亮条纹.现在研究屏上距 O 点为 x 的 Q

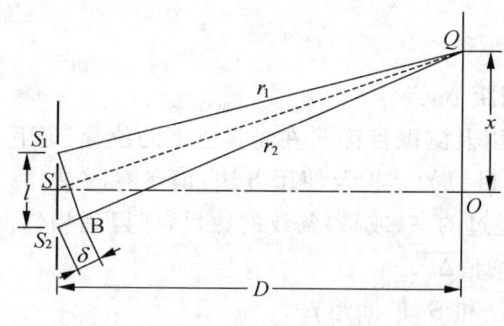

图 31-2 干涉条纹的计算

点的情况,虚光源 S_1 和 S_2 到 Q 点的距离分别为 r_1 和 r_2,光程差为 $\delta=r_2-r_1$. 当 $D\gg l, D\gg x$ 时,$\angle S_2S_1B\approx\angle OSQ$ 且很小,有 $\delta/l\approx x/\overline{SQ}\approx x/D$,则光程差为

$$\delta = \frac{l}{D}x. \tag{31.1}$$

由上式可知:

(1) 当 $\delta=k\lambda$ 时,在 $x=(D/l)k\lambda(k=0,\pm1,\pm2,\cdots)$ 处产生亮条纹;

(2) 当 $\delta=(k+1/2)\lambda$ 时,在 $x=(D/l)(k+1/2)\lambda(k=0,\pm1,\pm2,\cdots)$ 处产生暗条纹.

相邻亮条纹(或暗条纹)之间的距离是 $\Delta x=x_{k+1}-x_k=D\lambda/l$,即

$$\lambda = \frac{l}{D}\Delta x. \tag{31.2}$$

由实验测得 D, l 及 Δx,由式(31.2)可确定光波的波长 λ.

【实验内容】

1. 实验光路及光路调节.

实验光路如图 31-3 所示,N 是钠光灯,S 为宽度可调的狭缝,B 是双棱镜(镶嵌在一金属框内,棱脊方位可微调),E 是测微目镜(其叉丝面相当于图 31-1 中的观察屏),L 是凸透镜. 为了便于调节和测量,将所有仪器、元件都安装在光具座上.

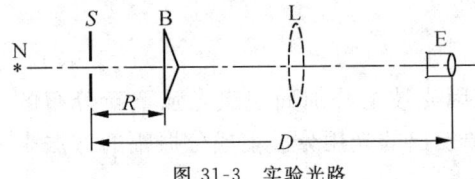

图 31-3 实验光路

为了观察到清晰的干涉条纹并得到较好的实验数据,必须认真调节光路.

光路调节的基本步骤如下:

(1) 在光具座上放上钠光灯 N、狭缝 S、凸透镜 L 以及毛玻璃屏 P. 先粗调,后细调,移动透镜 L 成小像时,调毛玻璃屏,成大像时调透镜,使狭缝 S 的大像、小像处于毛玻璃屏的中心.

(2) 放入双棱镜 B,调其高低左右与原光路共轴,并纵向微调 B 的位置,使毛玻璃屏上出现的两个虚光源 S_1 和 S_2 的像的光强基本相同,并尽可能地长.

(3) 以测微目镜 E 代替毛玻璃屏,进一步细调目镜 E 共轴,使两个虚光源 S_1 和 S_2 的像与叉丝双线板重合无视差,且位于视野的中心部位.

(4) 移去透镜 L,调节双棱镜 B 的棱脊取向与狭缝 S 大致平行. 同时,减小狭缝 S 的缝宽并微调棱脊的取向,使棱脊与狭缝严格平行,直到从测微目镜 E 中看到清晰的干涉条纹. 获得条纹后,改变狭缝 S 与双棱镜 B 以及与测微目镜 E 的距离 R, D,使目镜视野中出现近 20 条宽度合适的清晰的干涉条纹.

2. 测量钠光的波长 λ.

(1) 测量干涉条纹的间距 Δx.

固定狭缝 S、双棱镜 B 以及测微目镜 E 在光具座上的位置,记下 S 与 B, E 之间的距离 R, D. 用测微目镜 E(关于测微目镜的结构及使用方法,请参看附录)测量相隔较远的两条暗(或亮)纹之间的距离,除以所经过的亮(或暗)条纹的数目,即得到相邻两条纹的间距 Δx. 重复测量三次,求出间距 Δx 的平均值 $\overline{\Delta x}$.

(2) 测量两个虚光源 S_1 和 S_2 的间距 l.

保持 S 与 B 位置不变,即与测量 Δx 时相同. 在 B, E 之间放上凸透镜 L(焦距为 f),使 S

与 E 之间距离 A 略大于 $4f$(A 可以不等于 D). 调节透镜 L 可以找到两个位置,使两虚光源 S_1 和 S_2 在 E 的叉丝双线板处成实像,如图 31-4 所示. 用测微目镜测得大像 S_1' 和 S_2' 的间距 l' 以及小像 S_1'' 和 S_2'' 的间距 l'',则有

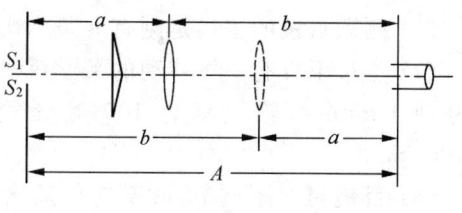

图 31-4 测量间距

$$\frac{l}{a}=\frac{l'}{b},\quad \frac{l}{b}=\frac{l''}{a}.$$

从上两式中消去 a,b,可得两个虚光源 S_1 和 S_2 的间距 l:

$$l=\sqrt{l'l''}, \tag{31.3}$$

重复测量三次,求出间距 l 的平均值 $\bar{l}$.

该方法省略了对 a,b 的直接测量,因此避免了虚光源 S_1 和 S_2 与狭缝 S 不共面引入的测量误差,即 a,b 从 S 量起的不准确性. 至于 D,由于它本身的数值很大,仍可以从 S 量起无妨.

(3) 将 $\overline{\Delta x}, \bar{l}$ 和 D 代入式(31.2)中,可求出钠光的波长 λ.

3. 用白炽灯取代钠灯作为光源,观察干涉条纹,记录所观察到的现象并作出相应的解释.

4. 以氦氖激光器作为光源的双棱镜实验.

用氦氖激光器取代钠光源做双棱镜实验,可以带来如下方便:

(1) 激光具有良好的空间相干性,利用扩束后的激光直接照射双棱镜,可省去狭缝 S;

(2) 激光方向性好,能量集中,即使屏幕较远(例如 $D=4\text{ m}$),也可以用眼睛直接观察到屏幕上的干涉条纹.

具体的光路图如图 31-5 所示. 由于激光直接照射眼睛会损伤视网膜,故不宜将测微目镜直接放在激光束中观察干涉条纹. 为了观察和测量干涉条纹的间距,可在显微镜前放一毛玻璃屏,利用毛玻璃对激光束的散射来显著减弱光强,起到保护眼睛的作用. 由于干涉条纹的分布范围较大,用读数显微镜取代测微目镜进行测量.

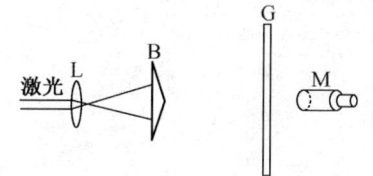

图 31-5 光源为激光的光路

【思 考 题】

1. 如果狭缝和双棱镜的棱脊不平行,是否能观察到干涉条纹?为什么?

2. 干涉条纹的间距与哪些因素有关?当狭缝 S 和双棱镜 B 之间的距离加大时,条纹间距是变大还是变小?

3. 如果在双棱镜前面用一小孔代替狭缝,得到的干涉条纹是什么形状?为什么本实验中用狭缝而不用小孔?

4. 用白炽灯代替钠灯作光源时,干涉条纹有何特点?

5. 用双棱镜测量波长时,怎样减小测量误差?

【附 录】

测微目镜的结构和使用方法

测微目镜是一种专门用于测量的目镜,其结构图如图 31-6 所示.

(1) 测微目镜的主尺是刻有 9 条刻线的一片玻璃,刻线间距为 1 mm,固定在壳体上.

(2) 主尺下方有一可移动的叉丝双线板,可随鼓轮副尺的转动而左右移动.鼓轮转一周叉丝移动 1 mm.鼓轮上刻有 100 等分的刻线,因此利用鼓轮可读出 1/100 mm,估计到 1/1000 mm.

(3) 目镜可上下调节,改变它与叉丝间的距离,适应不同视力的差异,以使叉丝及主尺从目镜中看起来最清晰.目镜的放大作用使被测对象及主尺看得更清楚,从而提高了测量的准确度.由于目镜把被测对象与主尺同时放大了,因此不影响测量数据的大小.

(4) 被测对象应严格成像在叉丝双线处,利用主尺、鼓轮副尺及叉丝双线即可测出被测对象的长度或宽度.

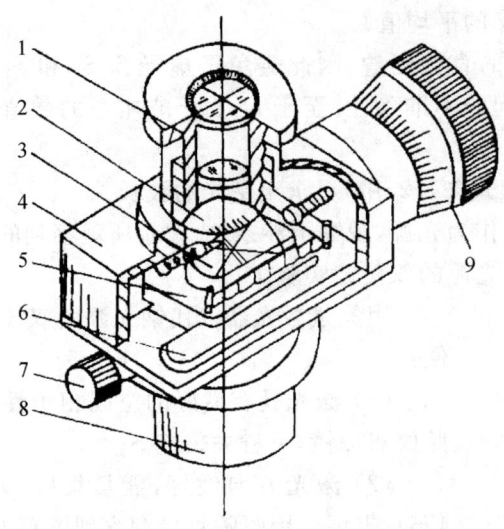

1. 目镜；2. 主尺；3. 叉丝双线板；4. 壳体；5. 滑板；
6. 底板；7. 锁紧螺丝；8. 接头套筒；9. 鼓轮副尺

图 31-6　测微目镜

实验三十二 研究光的夫琅禾费衍射现象

【目的要求】

1. 了解焦面接收和远场接收两种夫琅禾费衍射的基本光路;
2. 观察和研究各种衍射元件的夫琅禾费衍射图样的特点及规律;
3. 了解白光夫琅禾费衍射的特点.

【仪器用具】

钠光灯,氦氖激光器,凸透镜两块,小孔光阑,单缝,矩孔,三角形孔,圆孔,一维透射光栅,正交光栅,圆屏,毛玻璃屏,皮尺,钢卷尺,钢米尺,卡尺,读数显微镜,测微目镜,光具座,滑块,白炽灯等.

【实验原理】

光在传播过程中遇到障碍物时,能够绕过障碍物的边缘前进.光的这种偏离直线传播的现象称为光的衍射.衍射系统一般由光源、衍射屏和接收屏组成.衍射屏距离光源和接收屏都是无穷远的衍射,或者说,照射到衍射屏上的入射光和离开衍射屏的衍射光都是平行光的衍射,称为夫琅禾费衍射.衍射图样有如下特点:光束在衍射屏的哪个方向上受到了限制,则接收屏幕上的衍射图样就会沿该方向扩展;光孔线度越小,对光束的限制越厉害,则衍射图样越扩展,衍射效应越显著.

1. 单缝的夫琅禾费衍射

夫琅禾费衍射是平行光的衍射,可借助两个凸透镜来实现,点光源和接收屏分别位于透镜 L_1 的物方焦面及透镜 L_2 的像方焦面上,称为焦面接收光路,如图 32-1 所示.单缝衍射的图样是在与狭缝垂直的方向上扩展开来的一系列亮斑,中心是一个宽度为其他亮斑两倍且强度很大的亮斑,被称为主极强(或零级衍射斑),两侧对称地分布着一系列被称为次极强的强度较弱的亮斑和暗斑,如图 32-2 所示.诸亮斑都随狭缝宽度的减小而加宽.

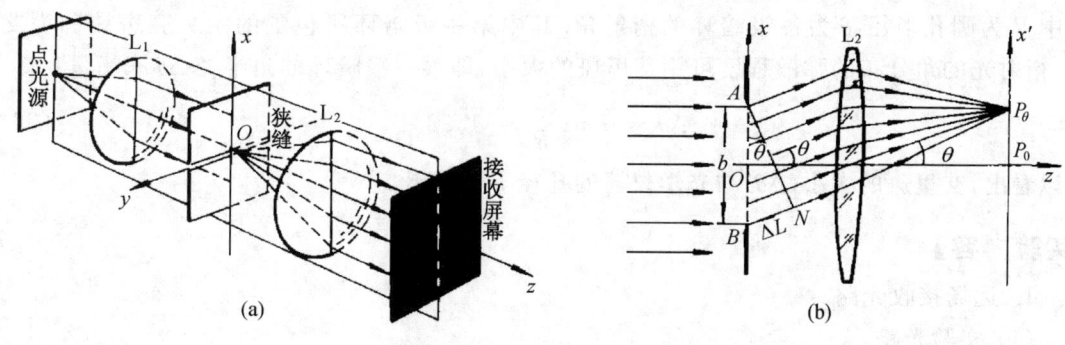

图 32-1 单缝的夫琅禾费衍射

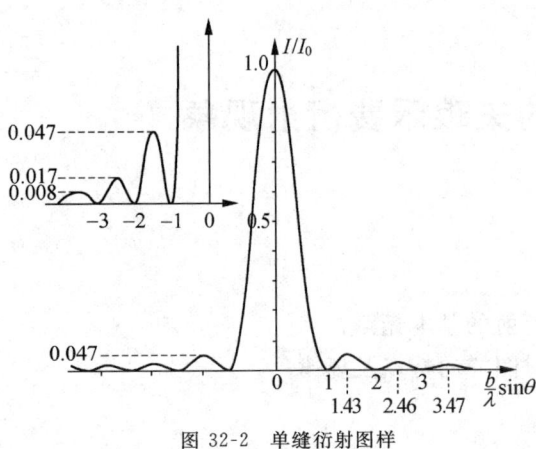

图 32-2 单缝衍射图样

单缝衍射暗斑的中心位置由下式确定：

$$\sin\theta = k\frac{\lambda}{b}, \quad k = \pm 1, \pm 2, \cdots, \quad (32.1)$$

式中 θ 是第 k 级暗斑的衍射角，b 为缝宽. 在衍射角很小的情况下，$\sin\theta \approx \theta$，式(32.1)变为 $\theta \approx \pm k\lambda/b$. 显然，零级亮斑在 ± 1 级暗斑 $\theta \approx \pm \lambda/b$ 之间，其半角宽度为

$$\Delta\theta = \frac{\lambda}{b}. \quad (32.2)$$

式(32.2)说明缝宽越窄(即 b 越小)，半角宽度 $\Delta\theta$ 越大，即衍射现象越明显.

2. 光栅的夫琅禾费衍射

原则上，根据式(32.2)，利用单缝衍射条纹可以测定单色光的波长. 然而，为了得到准确的测量结果，要求衍射条纹既要分得开，又要有一定的亮度. 显然，这是单缝衍射无法同时满足的. 利用光栅衍射可以达到这一要求.

所谓光栅是一种具有空间周期性的衍射元件. 平面透射光栅是一种多缝夫琅禾费衍射元件，它是一块刻了一系列等宽、等间隔的平行狭缝的不透明障碍板. 设狭缝透光和不透光部分的宽度分别为 b 和 a，则狭缝间距 $d = b + a$（通常单位为 nm）称为光栅常数或光栅常量，其倒数 $1/d$（通常单位为条/mm）称为光栅的空间频率. 由于近代光栅的缝数 N 通常很大（d 很小），1 mm 内可以有成百上千条刻痕，因此衍射条纹(主极强)既亮又锐，而且分得很开，便于波长的测量.

平行光垂直入射时的光栅方程为

$$d\sin\theta = k\lambda, \quad k = 0, \pm 1, \pm 2, \cdots, \quad (32.3)$$

式中 θ 为各主极强的衍射角，d 是光栅常数，λ 是光的波长，k 为各主极强的级数.

3. 圆孔的夫琅禾费衍射

在如图 32-1 所示的单缝夫琅禾费衍射光路中，用直径为 $D = 2R$ 的小圆孔取代单缝，可得到圆孔的夫琅禾费衍射图样. 它是由中央圆形亮斑以及外围的一系列亮、暗交替的同心圆环组成. 各级暗环出现的位置为

$$\frac{R\sin\theta}{\lambda} = 0.61, \quad 1.116, \quad 1.691, \cdots, \quad (32.4)$$

式中 R 为圆孔半径，θ 为各级暗环的衍射角. 其中第一级暗环所包围的中央亮斑被称为艾里斑. 衍射光的角分布的弥散程度可用艾里斑的大小，即第一级暗环的角半径 $\Delta\theta$ 来衡量：

$$\Delta\theta = 0.61\frac{\lambda}{R} = 1.22\frac{\lambda}{D}. \quad (32.5)$$

可以看出，艾里斑的大小($\Delta\theta$)与光学仪器的孔径 D 成反比.

【实验内容】

1. 远场接收光路.

(1) 实验光路.

实验采用远场接收光路，用氦氖激光器作为光源（$\lambda = 632.8$ nm）. 由于激光束的平行度较

好,光束的发散角很小,故可省略图 32-1 中的物方透镜 L_1,直接用激光束照射衍射元件. 如果将接收屏移到足够远,即满足远场条件

$$z \gg \rho^2/\lambda \tag{32.6}$$

式中 z 为衍射屏与接收屏的间距,2ρ 为衍射孔径,可省略像方透镜 L_2,直接用接收屏观测夫琅禾费衍射.

(2) 光路调节.

① 在光具座上设置远场接收光路,进行共轴调节;

② 打开激光器,利用毛玻璃屏前后移动调节激光器,使激光束与导轨平行;

③ 在激光器与接收屏(为了满足远场接收条件,也可以用几米远处的墙面作为接收屏)之间加入单缝,使之竖直,调节缝的左右及缝宽,使接收屏上出现明亮、清晰的衍射图样.

(3) 用远场接收光路观测各种衍射元件的夫琅禾费衍射.

① 观察单缝的夫琅禾费衍射图样,先通过改变缝宽以及光源与狭缝左右的相对位置,观察和研究单缝衍射光强分布的变化规律,再通过暗纹位置的测定计算出缝宽 b,并与读数显微镜测出的缝宽数据作比较(本实验可任意选择皮尺、钢卷尺、米尺、卡尺来进行测量).

② 观察一维光栅的夫琅禾费衍射图样,并测定光栅常数 d.

③ 观察圆孔的夫琅禾费衍射图样,了解什么是艾里斑,并通过艾里斑测定圆孔的直径 D.

④ 观察和研究矩孔、三角形孔、正交光栅以及圆屏等衍射元件的夫琅禾费衍射图样,总结它们各自衍射光强分布的规律. 根据衍射图样依次画出各衍射元件的形状,并与用显微镜确定的形状相比较.

2. 焦面接收光路.

用钠光灯、狭缝、两块凸透镜、衍射元件、测微目镜以及毛玻璃屏等在光具座上建立焦面接收光路,光路如图 32-1 所示. 将图中的点光源换成由钠光灯和狭缝组成的线光源,使单缝和光栅的取向与狭缝平行,观察单缝和光栅的夫琅禾费衍射现象,并测量钠光的波长(缝宽 b、光栅常数 d 作为已知). 请自行设计实验步骤和测量方法. 注意:

(1) 光路的共轴调节;

(2) 透镜 L_1 物方焦面的确定;

(3) 透镜 L_2 像方焦面的确定;

(4) 单缝及光栅的刻痕取向与线光源取向平行.

3. 白光的夫琅禾费衍射.

使眼睛聚焦在远处的小灯丝白炽灯上,在此灯与眼睛之间放置单缝、单圆孔、光栅等衍射元件,观察和记录白光衍射图样的规律及特点.

实验三十三　调节分光计并用掠入射法测定折射率

【目的要求】

1. 了解分光计的结构、作用和工作原理；
2. 学习分光计的调节方法和使用规则；
3. 了解掠入射法原理，并用掠入射法测定三棱镜的折射率.

【仪器用具】

分光计，玻璃三棱镜，钠光灯，毛玻璃，平面反射镜，放大镜.

【实验原理】

掠入射法也称极限法，是测定透明液体或固体折射率的基本方法之一. 根据掠入射法原理已设计出专门的测量仪器，如阿贝折射计等. 作为原理性实验，可在分光计上用掠入射法测定三棱镜的折射率. 要求单色扩展光源（不需要平行光），以提供各方向的入射光，形成清晰的明暗分界线.

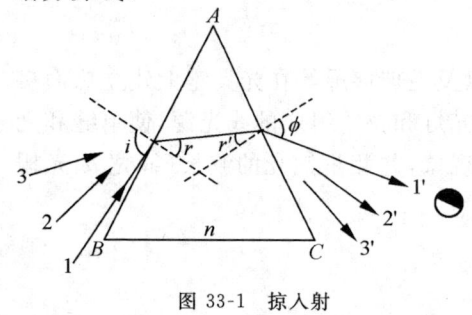

图 33-1　掠入射

如图 33-1 所示，用单色扩展光源照射到顶角为 A 的玻璃三棱镜的 AB 面上，以角 i 入射的光线经三棱镜两次折射后，从 AC 面以角 ϕ 射出. 根据折射定律

$$\begin{cases} n_0 \sin i = n \sin r, \\ n \sin r' = n_0 \sin \phi, \end{cases} \quad (33.1)$$

式中 n_0 和 n 分别是空气和玻璃的折射率. 考虑到 $r + r' = A$ 和 $n_0 = 1$ 可得

$$n = \frac{1}{\sin A} \sqrt{\sin^2 i \sin^2 A + (\sin i \cos A + \sin \phi)^2}. \quad (33.2)$$

由图 33-1 可以看出，对于入射角 $i < 90°$ 的光线（如光线 1，2，3 等）均可进入三棱镜，在 AC 面出射光线 $1', 2', 3'$ 形成亮场；而入射角 $i > 90°$ 的光线无法进入三棱镜（BC 面为非光学面），形成暗场. 明暗分界线对应的是以 $i = 90°$ 入射（称为掠入射）的光线，此时的出射角最小，称为极限角 φ. 式(33.2)在掠入射条件下可简化为

$$n = \sqrt{1 + \left(\frac{\cos A + \sin \varphi}{\sin A}\right)^2}. \quad (33.3)$$

只要测出顶角 A 和极限角 φ，由上式可求出棱镜的折射率 n.

【仪器描述】

分光计是光学实验中用来测定光线的方向及各种角度的精密仪器. 它的基本结构和调节方法与光谱仪、单色仪等相类似. 本实验使用的分光计的测量精度为 $1'$. 分光计主要由五个部分组成:三角底座、平行光管、望远镜、圆刻度盘和载物平台. 图33-2是它的全貌.

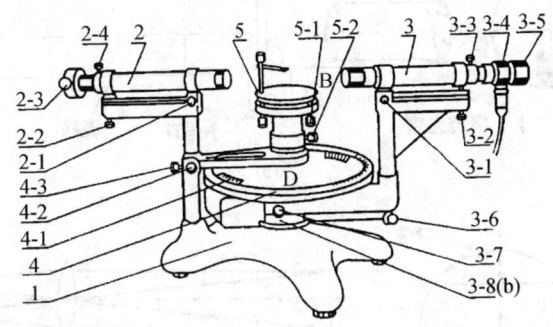

1. 三角底座.
2. 平行光管: 2-1 水平方向调节螺钉,2-2 倾角调节螺钉,2-3 狭缝调节螺钉,2-4 狭缝套筒锁定螺钉.
3. 望远镜: 3-1 水平方向调节螺钉,3-2 倾角调节螺钉,3-3 套筒锁定螺钉,3-4 照明灯筒,3-5 目镜.
   3-6 望远镜微调螺钉,3-7 望远镜与刻度盘锁定螺钉,3-8(b) 望远镜止动螺钉(在图的背面).
4. 刻度盘: 4-1 角游标,4-2 游标盘微调螺钉,4-3 游标盘止动螺钉.
5. 载物平台: 5-1 载物台调平螺钉(三个),5-2 载物台与游标盘锁定螺钉.

图 33-2 分光计全貌

(1) 三角底座部件.

它是整个分光计的底座. 底座中心有沿竖直方向的转轴套, 望远镜、圆刻度盘和游标盘可分别独立绕该中心轴转动.

(2) 平行光管.

它的作用是产生平行光. 结构如图 33-3 所示,镜筒一端装有会聚透镜,另一端装有一宽度可调的狭缝套管,松开螺钉(2-4)狭缝套管可沿镜筒轴向前后移动,以改变狭缝与透镜之间的距离,当狭缝位于透镜的焦平面时,照在狭缝上的光经过透镜后成为平行光. 螺钉(2-3)可调节缝宽.

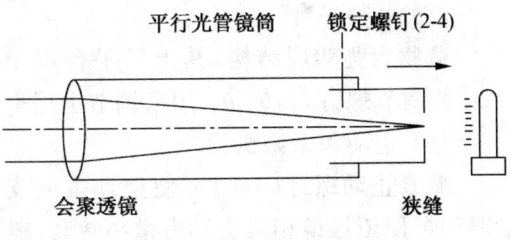

图 33-3 平行光管结构

(3) 自准直望远镜(阿贝式).

它由物镜、目镜和套筒组成,结构如图 33-4(a)所示. 镜筒的一端装有一带目镜和"十"准线分划板的套筒,分划板上粘有一块 45°全反射小棱镜,其表面涂有不透明薄膜,薄膜上刻了一个空心"十"字窗. 当小电珠的光从筒侧射入后,旋转目镜改变它与"十"准线板之间的距离(以适应不同实验者视力的差异),则可在望远镜目镜中看到如图 33-4(a) 左端的视野图. 物镜固定在镜筒的另一端,套筒可沿镜筒轴向前后移动,以改变"十"准线板与物镜之间的距离. 若在物镜前放一平面镜,如图 33-4(b)所示,用自准直原理调节望远镜. 当"十"准线板位于物镜的焦平面时,小电珠通过空心"十"字发出的光经物镜后变成平行光,再经平面镜反射,会重新会聚在"十"准线板上成一清晰的亮"十"字反射像,此时望远镜已聚焦无穷远. 若平面镜与望远镜光轴垂直,则反射的亮"十"字像应落在"十"准线板的第一条横线 MN 与纵线 PP' 的交叉点上,如图 33-4(b) 左端视野图所示.

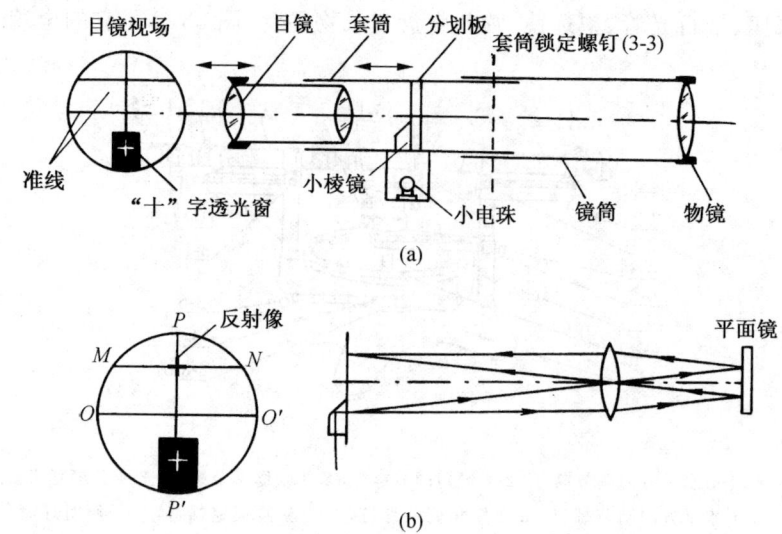

图 33-4 望远镜结构(a)及自准直光路(b)

(4) 圆刻度盘部件.

它由刻度盘和游标盘组成. 在分光计出厂时,已将其调到与仪器转轴垂直. 刻度盘(外环)边缘刻有角度数值,分成360°,最小分度为 0.5°(即 30′),小于半度的数值可在游标上读出. 两个角游标设在游标盘(内盘)边缘对径方向,每个游标分成 30 格,最小分度为 1′. 调节分光计时,应通过螺钉(5-2)将游标盘与载物台固连,以及通过螺钉(3-7)将刻度盘与望远镜固连. 此时,当游标盘固定,望远镜旋转时,可以从游标读出望远镜的转角.

(5) 载物平台.

载物台为双层结构,其上层平台用于放置待测对象或分光元件. 两层之间有三个互成 120°的调节螺钉 b_1, b_2, b_3,用来调节上层平台的高度和倾斜度.

(6) 止动和微调机构.

旋紧止动螺钉(3-8)可使望远镜的支架与主轴锁定,止动望远镜. 此时,调节微调螺钉(3-6)可使望远镜相对主轴有微小转动;螺钉(4-3)用以止动游标盘,此时微调螺钉(4-2)才起作用,调节该螺钉可使游标盘相对主轴有微小转动. 值得注意的是,实验中旋转望远镜时,一定要止动游标盘. 实验完成后,应松开两个止动螺钉.

【实验内容】

1. 调节分光计.

调节分光计的基本要求:平行光管产生平行光;望远镜接收平行光(即聚焦无穷远);平行光管和望远镜的光轴与仪器转轴垂直.

(1) 粗调.

以目测调节平行光管、望远镜的水平和垂直方向调节螺钉,使它们的光轴过仪器转轴,共轴,并处于水平状态. 调节 b_1, b_2, b_3 使载物台上层平台大致水平. 然后拧紧螺钉(5-2)固连游标盘与载物台,以及螺钉(3-7)固连望远镜与刻度盘. 粗调是细调的基础,是事半功倍之举.

(2) 调节望远镜.

① 调节望远镜聚焦无穷远.

旋转望远镜目镜,使分划板上的"十"准线看清楚.把平面镜放在载物平台中心处,且与 b_1b_2 连线平行.如果粗调合适,应在望远镜目镜视野内找到亮"十"字反射像,旋转载物台将平面镜绕轴转 180°,仍能找到亮"十"字反射像.松开螺钉(3-3),前后移动望远镜套筒,直到亮"十"字反射像最清晰,并与"十"准线无视差.这时,望远镜已聚焦无穷远.拧紧螺钉(3-3)锁定套筒.

② 调节望远镜光轴垂直于仪器转轴.

采用"减半逐步逼近法"将亮"十"字反射像调到"十"准线的 MN 线上.先调节 b_3 使亮"十"字像到 MN 线的距离移近一半,再调节望远镜的倾角调节螺钉(3-2),使亮"十"字像落到 MN 线上.平面镜转 180°,再照上法调节.反复多次,直到平面镜转动 180°前后,亮"十"字像始终落在 MN 线上,如图 33-5 所示.此后注意不要再变动望远镜的倾角螺钉.

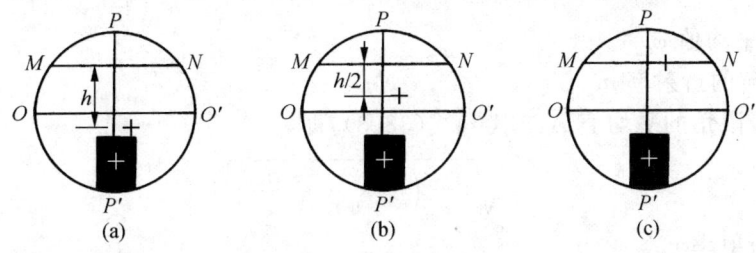

图 33-5 减半逐步逼近法

③ 调节平行光管.

由于本实验不用平行光故不用调节.

2. 调节三棱镜的主截面与仪器转轴垂直.

如果望远镜光轴与三棱镜的两个侧面(即光学表面 AB,AC)分别垂直,则望远镜和三棱镜主截面平行,仪器转轴与三棱镜主截面垂直.把三棱镜放在小平台上,三条边分别垂直于三个螺钉 b_1,b_2,b_3 的连线,如图 33-6 所示.转动游标盘使 AB 面正对望远镜,调节 b_1 使亮"十"字反射像在 MN 线上(不可调节望远镜的倾角螺钉);然后 AC 使面正对望远镜,调节 b_3 使亮"十"字反射像在 MN 线上,反复调节直到两个面反射的亮"十"字像均在 MN 线上.

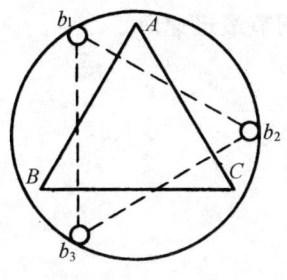

图 33-6 三棱镜的放置

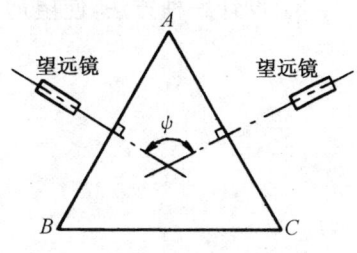

图 33-7 测量顶角

3. 测顶角 A.

见图 33-7,转动望远镜,先使望远镜与 AB 面垂直,即"十"字反射像调至 MN 与 PP' 的交点处,记下此时左右游标的读数 θ_1',θ_1'';然后转动望远镜与 AC 面垂直(注意一定要止动游标盘),记下两边游标的读数 θ_2',θ_2''.两次读数相减便得到顶角 A 的补角 ψ:

$$\psi = \frac{1}{2}[(\theta'_2-\theta'_1)+(\theta''_2-\theta''_1)], \tag{33.4}$$

而顶角为 $A=180°-\psi$. 测量三次,求出平均值 $\overline{A}$.

4. 测极限角 φ.

(1) 整体移动分光计,使钠光灯大体位于 AB 的延长线上；

(2) 在三棱镜的 B 角处放置一片毛玻璃作为扩展光源,方向略平行于 AB 面的法线；

(3) 用眼睛在 AC 面出射光方向可找到一个明暗分界线,再将望远镜 PP' 线对准分界线,记下左右游标读数 θ'_3, θ''_3;

(4) 转动望远镜至 AC 面的法线位置(止动游标盘),记下两边游标读数 θ'_4, θ''_4;

(5) 可以求出掠入射时的极限角

$$\varphi = \frac{1}{2}[(\theta'_3-\theta'_4)+(\theta''_3-\theta''_4)], \tag{33.5}$$

测量三次,求出平均值 $\overline{\varphi}$.

5. 测定玻璃的折射率 n.

将顶角和极限角的平均值 $\overline{A}, \overline{\varphi}$ 代入式(33.3),即

$$n = \sqrt{1+\left(\frac{\cos A+\sin\varphi}{\sin A}\right)^2},$$

可求出棱镜的折射率 n.

【思 考 题】

1. 平面镜转动时,目镜中"十"字像的运动轨迹与 MN 线不平行,原因何在？如何解决？

2. 三棱镜调好后,为何不能拿下再放上？

3. 如何判断物和像(例如"十"字和它的反射像)是否在同一平面内？若亮"十"字反射像位于"十"准线之前,距观察者更远,应怎样调节分划板？

4. 平面镜旋转 $180°$ 前后的两个亮"十"字反射像分别位于 MN 线下方 a 和 $5a$ 处,试问：

(1) 平面镜是否平行于转轴？

(2) 望远镜是否垂直于转轴？

(3) 设计一种方法,使望远镜光轴与仪器转轴垂直的调节最迅速.

实验三十四　观测氢原子光谱

【目的要求】

1. 测定氢原子巴耳末系发射光谱的波长和氢的里德伯常量;
2. 了解氢原子能级与光谱的关系,画出氢原子能级图;
3. 了解光栅的分光作用.

【仪器用具】

氢灯,汞(Hg)灯,平面透射光栅,分光计,放大镜,平面镜.

【实验原理】

1. 光源与光谱

物质的发射光谱有很多种,不同物质、不同发光机制的光源有不同的光谱.白炽灯等热辐射光源的发射光谱为连续谱;氢灯、汞灯、钠灯等原子气体(或金属蒸气)放电时发射的光谱为分立的线光谱;分子气体、液体和固体的发射光谱多为带光谱.

2. 光栅的分光原理

光栅与棱镜一样是常用的分光元件.根据夫琅禾费衍射理论,当一束平行光垂直入射到光栅平面上时,衍射光满足光栅方程

$$d\sin\varphi = k\lambda, \quad k = 0, \pm 1, \pm 2, \cdots, \tag{34.1}$$

式中 d 为光栅常数,φ 为衍射角,k 为衍射级数,λ 为入射光波长.

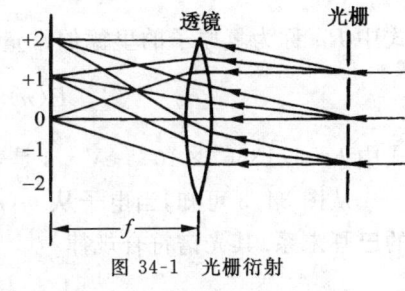

图 34-1　光栅衍射

如果用平行光作为光源,利用焦面接收,则在透镜(焦距为 f)的后焦面上将出现一系列的亮线,称为谱线.一条谱线就是狭缝的一个像.$\varphi=0$ 的方向是零级谱线的中央极强,其他级数的谱线对称地分布在零级谱线的两侧,如图 34-1 所示.

如果光源中包含几种不同波长的光,同一级谱线中不同波长的光有不同的衍射角,而彼此分开.因此在透镜的焦面上出现按波长次序及谱线级次,自第零级开始在左右两侧由短波向长波排列的各种颜色的谱线,称为光谱.图 34-2 为汞灯的衍射光谱.

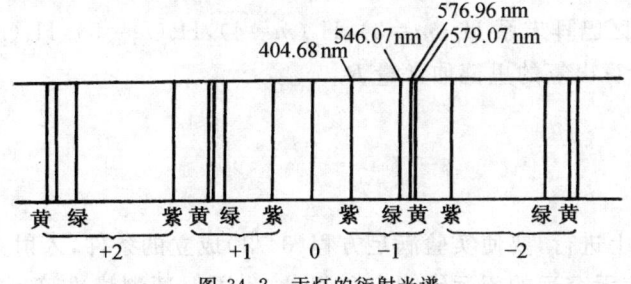

图 34-2　汞灯的衍射光谱

用分光计测出各条谱线的衍射角 φ. 若已知光波波长 λ, 由光栅方程(34.1)可得光栅常数 d; 若已知光栅常数 d, 由方程(34.1)可得待测光波波长 λ.

3. 氢原子光谱

图 34-3 是氢原子的能级图. 电子从高能级跃迁到低能级时, 发射的光子能量为两能级间的能量差:

$$h\nu = E(m) - E(n), \quad m > n. \tag{34.2}$$

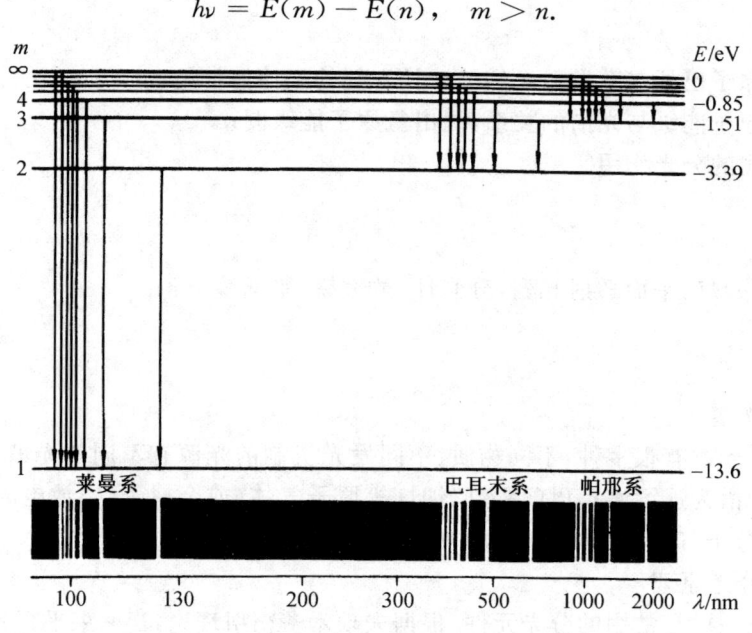

图 34-3 氢原子能级

若以波数 $\sigma = 1/\lambda$ 表示, 则上式变为

$$\sigma = \frac{E(m) - E(n)}{hc} = R_H\left(\frac{1}{n^2} - \frac{1}{m^2}\right), \tag{34.3}$$

式中 R_H 称为氢原子的里德伯常量(单位是 m^{-1}). 从 R_H 可得氢原子各能级的能量

$$E(n) = -R_H hc \frac{1}{n^2}, \quad n = 1, 2, 3\cdots, \tag{34.4}$$

式中 $h = 4.13567 \times 10^{-15} \mathrm{eV \cdot s}$ 是普朗克常数, $c = 2.99792 \times 10^8 \mathrm{m \cdot s^{-1}}$ 为真空中的光速.

从图 34-3 可知, 当电子从 $m(m \geqslant 3)$ 至 $n = 2$ 跃迁时, 光子波长位于可见光区, 称为氢原子的巴耳末系. 其光谱符合规律

$$\frac{1}{\lambda} = R_H\left(\frac{1}{2^2} - \frac{1}{m^2}\right), \quad m = 3, 4, 5, \cdots \tag{34.5}$$

如果测出可见光区巴耳末系 $H_\alpha(m=3)$, $H_\beta(m=4)$, $H_\gamma(m=5)$, $H_\delta(m=6)$ 四条谱线的波长 λ, 可由式(34.5)计算出氢的里德伯常量 R_H.

【实验内容】

1. 仪器调节.

本实验在分光计上进行, 要使实验满足方程(34.1)成立的条件, 入射光应是垂直入射的平行光, 衍射后要用聚焦无穷远的望远镜观察和测量. 为了保证测量准确, 衍射谱线的等高面应

该与分光计转轴垂直.所以对分光计的调节要求是:平行光管产生平行光;望远镜聚焦无穷远(即能接收平行光);使平行光管和望远镜的光轴都垂直仪器转轴,光栅平面与平行光管光轴垂直;光栅的刻痕与仪器转轴平行.

(1) 调节分光计.

分光计的结构见图 33-2,本实验中用的各种符号均与其相同.调节步骤为:

① 粗调(参见实验三十三).

② 调节望远镜聚焦无穷远,以及光轴垂直仪器转轴(参见实验三十三).

③ 调节平行光管产生平行光:整体移动分光计,使平行光管狭缝对准汞灯,将已聚焦无穷远的望远镜正对平行光管,并在目镜视场内找到狭缝像.移动狭缝套筒,直到狭缝像最清晰,并与分划板准线无视差.把狭缝像调到与准线 PP' 平行,调节缝宽使像锋利.拧紧螺钉(2-4)锁定套筒.

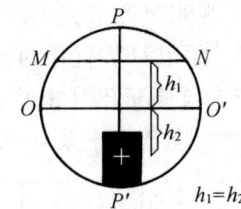

图 34-4 调节平行光管光轴

④ 调节平行光管光轴垂直仪器转轴:调节平行光管的倾度螺钉(2-2)使狭缝像相对"十"准线的中央横线 OO' 上下对称,如图 34-4 所示.

(2) 光栅的调节.

① 调节光栅平面与平行光管光轴垂直.

用望远镜对准平行光管,使望远镜目镜中的准线 PP' 对准汞灯的狭缝像,见图 34-5,然后固定望远镜.将光栅放置在小平台上(如图 34-6 所示),根据目测尽可能做到使光栅平面垂直平分 b_1b_2 连线,而 b_3 应在光栅平面内,并使光栅平面大致垂直于望远镜.调节 b_1,b_2 使光栅平面反射回来的亮"十"字像落到 MN 线上.转动游标盘,使光栅平面法线与望远镜光轴重合,即亮"十"字像落在 MN 与 PP' 交点处,如图 34-5 所示,即刻固定游标盘(只需对光栅的一面进行上述调节,不应把光栅转 $180°$).

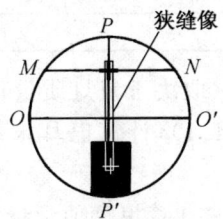

图 34-5 光栅的调节

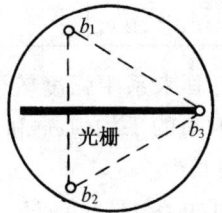

图 34-6 光栅的放置

② 调节光栅刻痕与仪器转轴平行.

调节 b_3 使望远镜中观察到的正负级谱线等高,也就是使正负级谱线被 OO' 平分.然后,返回来再检查光栅平面是否仍与平行光管光轴垂直,如此反复调节,直到以上两个条件同时满足,即当狭缝像与 PP' 重合时,亮"十"字像位于 MN 与 PP' 交点上.此时,固定游标盘,并在以后的测量中不要再动光栅.

2. 测定光栅常数 d.

(1) 以汞灯为光源,观察和记录汞原子光谱的形式、颜色、分布特点,以及它们的偏折情况.

(2) 测量 $k=\pm 1$ 级、波长为 $\lambda=546.07\ \text{nm}$ 的绿光的衍射角 $\overline{\varphi_1}$,如下所列:

k	谱线	左游标读数		右游标读数		左右平均值
		θ'	$\varphi' = \theta' - \theta_0$	θ''	$\varphi'' = \theta'' - \theta_0$	$\varphi = \frac{1}{2}(\varphi' + \varphi'')$
+1级	绿$_{+1}$					$\varphi_{+1} =$
0级	θ_0					
−1级	绿$_{-1}$					$\varphi_{-1} =$
±1级平均值	绿$_{\pm 1}$	$\overline{\varphi}_1 = \frac{1}{2}(\varphi_{+1} + \varphi_{-1}) =$				

(3) 将衍射角 $\overline{\varphi}_1$ 代入方程(34.1)计算光栅常数 d.

3. 观测氢原子光谱.

(1) 用氢灯替代汞灯照亮狭缝,并使其位于平行光管的光轴上(也就是使狭缝像最亮),观察和记录氢原子巴耳末系光谱的形式、颜色、分布特点以及它们的偏折情况.

(2) 测量巴耳末系 $k = \pm 1$ 级 H_α(红色),H_β(蓝色),H_γ(紫色)三条谱线的衍射角 $\overline{\varphi}_1$,如下所列:

k	谱线	左游标读数		右游标读数		左右平均值
		θ'	$\varphi' = \theta' - \theta_0$	θ''	$\varphi'' = \theta'' - \theta_0$	$\varphi = \frac{\varphi' + \varphi''}{2}$
+1级	H_γ					$\varphi_{+1} =$
	H_β					$\varphi_{+1} =$
	H_α					$\varphi_{+1} =$
0级	θ_0					
−1级	H_α					$\varphi_{-1} =$
	H_β					$\varphi_{-1} =$
	H_γ					$\varphi_{-1} =$
±1级平均值 $\overline{\varphi}_1 = \frac{\varphi_{+1} + \varphi_{-1}}{2}$	$\overline{\varphi}_1(H_\gamma)$					
	$\overline{\varphi}_1(H_\beta)$					
	$\overline{\varphi}_1(H_\alpha)$					

*3. 观测巴耳末系中强度较弱的 $k = \pm 1$ 级 H_δ(紫色)谱线(取决于氢灯质量).

4. 将衍射角的平均值 $\overline{\varphi}_1$ 和光栅常数 d 代入光栅方程(34.1),计算巴耳末系 H_α,H_β,H_γ 三条谱线的波长.

5. 将巴耳末系 H_α,H_β,H_γ 三条谱线的波长代入式(34.5),计算里德伯常量的平均值 $\overline{R}_H$.

6. 根据式(34.4)画出 $n = 1, 2, \cdots, 6$ 以及 $n \to \infty$ 的能级图(单位用 eV,小数点后取两位),并标出 H_α,H_β,H_γ,H_δ 各线对应的是哪两个能级的跃迁.

【思 考 题】

1. 使用光栅方程(34.1)应保证什么条件?
2. 实验中如果两边光谱线不等高,对测量结果有何影响?
3. 试说明光栅分光与三棱镜分光的光谱有何区别?